Ihr Hobby

Diskuszucht

Bernd Degen

INHALTSVERZEICHNIS

Vorwort	3
Pflege oder Zucht?	6
Aufzucht der Zuchttiere	9
Auswahl der Zuchtpaare	15
Das richtige Aquarium	18
Technisches Zubehör	26
Das Diskuszuchtwasser	35
Aggressions- und Kampfverhalten	39
Vorbereitung zur Diskuszucht	44
Erfolgreiche Aufzucht	56
Wohin mit den Jungfischen?	63
Wichtige Farbvarianten	66
Vererbungslehre für Diskuszüchter	72

© 1998 by bede-Verlag, Bühlfelderweg 12, D-94239 Ruhmannsfelden
E-mail: bede-Verlag@t-online.de; Internet: http://www.bede-verlag
Konzept der Reihe „Ihr Hobby...", Herstellung und Gestaltung: bede-Verlag

Alle Rechte vorbehalten. Für Schäden die durch Nachahmung entstehen, können weder Verlag noch Autor haftbar gemacht werden.

Bildnachweis: Alle Fotos Archiv bede-Verlag, sofern nicht anders vermerkt.

ISBN: 3-931 792-78-1
bede-Bestellnummer: HO 375

Vorwort

Wenn Sie sich ein Buch über die Diskuszucht kaufen, dann wissen Sie wohl schon einiges über diese herrlichen Aquarienfische. Allgemeine Informationen zum Thema Diskus, Pflege und Hälterung erhalten Sie in der gleichen Buchreihe unter dem Titel „Ihr Hobby Diskus".

Bereits vor über 150 Jahren, nämlich 1840, wurden die Diskusfische sächlich die heute als Heckel-Diskus bekannten *Symphysodon discus* vorkommen.

Aquaristisch gesehen, war jedoch die Entdeckung des Diskusfisches noch völlig unbedeutend, denn es gab ja keine Möglichkeit, solche Fische zu erhalten. Erst nach dem Zweiten Weltkrieg gelangten immer wieder Diskuswildfänge nach Deutschland

Die prächtigen Diskusfische begeistern jeden Betrachter. Verstärkt wird das farbige Erscheinungsbild noch durch die Faszination eines bepflanzten Aquariums. Foto: Alex Shiraishi

in Brasiliens Flußsystemen vom Wiener Ichthyologen Dr. Johann Jacob HECKEL entdeckt. Bei dieser Entdeckung handelte es sich um einen Diskusfisch aus dem Rio-Negro-Gebiet, in welchem ja hauptund langsam bildete sich hier eine Interessengemeinschaft, aber für den Normalaquarianer blieben in dieser Zeit Diskusfische noch fast unerreichbar. Man muß sich auch vorstellen, daß die Importe zur

Vorwort

Kann es etwas schöneres für einen Diskusliebhaber geben, als ein harmonierendes, Braunes Diskuspärchen in einem bepflanzten Aquarium? Gesteigert werden kann dies sicher nur noch durch das Ablaichen und erfolgreiche Aufziehen von Jungfischen.

damaligen Zeit, in den 50er Jahren, wesentlich schwieriger zu bewerkstelligen waren, als dies heute der Fall ist. Deutschland entwickelte sich in den 60er Jahren sehr schnell zu einer Diskushochburg, denn die Aquaristik hatte ja einen sehr hohen Stellenwert und somit war es nicht verwunderlich, daß schon bald Nachzuchterfolge gemeldet werden konnten.

Unter den Wildfängen waren anfangs die braunen und einfach blau gefärbten Diskusfische aus Brasilien die absoluten Renner und die durchgestreiften „Royal Blue" brachten so manchen Aquarianer fast um den Verstand, denn sie waren einfach sündhaft teuer und kaum zu erhalten. Wenig später kamen dann auch noch grüne Diskusfische aus dem Rio Tefé und dem Lago Tefé auf den Markt, und mit diesen teils flächig grün gefärbten Diskusfischen gelang es durch intensivste Zuchtauslese erstmals Türkis-Diskus zu züchten. Damit war die Sensation perfekt, denn solch herrlich gefärbte Diskusfische hatte man nie zuvor gesehen. Es dauerte nicht lange und dann gelang die Auslesezucht von flächigen Diskusfischen.

Vorwort

Diskuswildfänge stammen aus den weiten Flußlandschaften des Amazonasbeckens in Brasilien. Während der Regenzeit treten die gewaltigen Flüsse über das Ufer und es bilden sich riesige Überschwemmungsgebiete.

Diese cobaltblauen Tiere waren damals die absolute Spitze in der Diskuszucht und für die meisten Diskusfreunde unerreichbar.

Heute ist die Diskuszucht ein weltweit verbreitetes Hobby geworden, aber auch zahlreiche Profizüchter beliefern die Aquarianer in aller Welt mit farblich sehr interessanten Nachzuchten. Heute scheint auf diesem Gebiet fast alles möglich zu sein und man muß sich immer wieder wundern, welche neuen Farbkreationen besonders aus Südostasien auf den europäischen Markt kommen. Wichtig ist, daß die Diskuszucht Spaß macht, und es ist für einen Aquarianer wirklich ein Erlebnis, diesen herrlichen Cichliden beim Ablaichen und beim Großziehen ihrer Jungfische zuzusehen. Lassen Sie sich also herausfordern.

Pflege oder Zucht?

Die Zucht von Diskusfischen ist die Krönung der Süßwasseraquaristik, und Sie sollten es ebenfalls unbedingt einmal versuchen.

Diskusfische zu pflegen ist schon eine aufregende Sache, sie aber zu züchten ist noch viel aufregender. Die Diskuszucht gehört immer noch zu den größten Abenteuern in der Süßwasseraquaristik. Doch es muß nicht unbedingt die Diskuszucht sein, die Sie reizt, schließlich genügt es auch schon, Diskusfische erfolgreich zu pflegen, aufzuziehen und für viele Jahre im Aquarium zu halten. Bei dieser Hälterung werden Ihnen

die Diskusfische viele schöne, aber auch aufregende Stunden bereiten. Wenn es Ihnen also gelingt, Diskusfische erfolgreich zu hältern, ohne daß diese krank werden und sich nicht mehr wohlfühlen, dann kommt es vielleicht eines Tages ganz von selbst dazu, daß Sie ein züchtendes Pärchen im Aquarium haben. Sehr schnell wird Sie dann der Reiz der Diskuszucht überfallen und Sie werden versuchen, diese tollen Fische auch einmal erfolgreich nachzuzüchten. Dies ist die eine Seite, daß es mehr oder weniger zufällig mit der Diskuszucht beginnt. Die andere Seite ist aber die beabsichtigte Zucht, bei der Sie als Züchter in spe die Absicht haben, Diskusfische zur Nachzucht zu bewegen.

Warum tun sie dies?

Ist es nur der Ehrgeiz in den Kreis der Diskuszüchter aufgenommen zu werden, oder ist es vielleicht wirtschaftliches Interesse, welches dahintersteckt? Oft ist es beides, und diese Kombination ist ja nicht schlecht. Weshalb soll nicht ein gewisses Maß an finanziellem Interesse bei der Diskuszucht dahinter stehen. Schließlich ist die Pflege von Diskusfischen nicht gerade billig und wenn Sie erst einmal vom Diskusfieber erfaßt wurden, dann werden Sie ganz schön Geld in dieses Hobby investieren. Dieses Investieren von Geld führt auch dazu, daß man gegenüber dem Lebenspartner, der ja zum Glück ziemlich

Pflege oder Zucht?

Ihre späteren Zuchtpaare sollten Sie sich möglichst aus einer Gruppe gleichaltriger Diskusfische selbst aufziehen, denn dann ist es gewährleistet, daß Sie ein optimales Paar finden werden.

verständig sein muß, ein gewisses schlechtes Gewissen entwickelt. Schließlich kauft man jeden Monat für einige Mark Futter und da darf es wohl immer nur das beste und teuerste sein. Oder man schafft sich einen größeren Filter oder vielleicht das fünfzehnte Aquarium an und so kommt eines zum andern. Alleine schon die Stromrechnung, die durch die Diskuspflege beeinflußt wird, ist oft Basis für heftige Diskussionen. Also wäre es doch ganz schön, wenn es gelänge, Diskusfische zu züchten und die Jungen gewinnbringend zu verkaufen. Jetzt hätte man endlich ein Alibi für die monatlich horrenden Kosten der Diskuspflege. Stellen Sie sich nur einmal die Situation vor, daß Sie 50 Diskusjungfische an Ihren Zoofachhändler oder in Ihrem Bekanntenkreis absetzen könnten und sagen wir einmal, dafür DM 500,- eingenommen hätten. Wäre dies nicht toll? Wären jetzt nicht alle Einwände des Partners in den Wind gesprochen, denn jetzt hätte man doch den Beweis parat, daß die Diskuszucht auch etwas bringt.

Wir alle wissen, daß es nur wenigen professionellen Züchtern gelingt, aus der Diskuszucht auch Kapital zu

Pflege oder Zucht?

schlagen und daran echt Geld zu verdienen. Die allermeisten Hobbyzüchter züchten Fische um des Spaßes willen, mit dem kleinen legitimen Hintergedanken, doch ab und zu mal ein paar Mark zu verdienen, damit die Kostenseite nicht so horrend explodiert. Hobby muß es bleiben, denn nur so macht die Diskuspflege auch Spaß. Wenn das Ganze erst einmal in harte Arbeit ausartet, dann bleibt nichts mehr vom Vergnügen übrig und dann kommt eines Tages die Reaktion und die Fische werden vielleicht abgeschafft. Züchten Sie also nicht des Geldes wegen, sondern züchten Sie, weil es unheimlichen Spaß macht, Diskusfische bei ihrer Brutpflege zu beobachten und weil es enorm befriedigt, daß es gelingt, diese Fische zur erfolgreichen Nachzucht zu bringen. Züchten Diskusfische erfolgreich nach, dann ist dies ein Beweis dafür, daß Ihre Hälterungsbedingungen optimal sind, und daß Sie sich als Diskusliebhaber erfolgreich um diese Fische bemüht haben.

Die Diskusjungfische ernähren sich vom Hautsekret ihrer Eltern und deshalb befindet sich der Jungfischschwarm immer in der Nähe eines Elterntiers. Foto: Killian

Aufzucht der Zuchttiere

Wenn Sie sich entschieden haben, Diskusfische nachzuzüchten, dann benötigen Sie zumindest ein gut harmonierendes Zuchtpaar, doch woher ist ein solches Zuchtpaar zu nehmen? Sicherlich könnten Sie versuchen, ein bereits erfolgreiches Pärchen zu erwerben und dieses dann bei Ihnen zu Hause zur erneuten Nachzucht zu bringen. Doch manchmal kommt es beim Umsetzen der Fische zu Komplikationen, so daß ein vorher funktionierendes Zuchtpaar plötzlich nicht mehr zur Nachzucht zu bewegen ist. Hinzu kommt sicherlich auch der preisliche Faktor, denn gute Zuchtpaare haben auch einen guten Preis, was heißen soll, daß in der Regel für ein funktionierendes Zuchtpaar ein sehr hoher Preis verlangt werden wird. „Billigpaare" sind mit Vorsicht zu betrachten, denn wer kommt schon auf die Idee, ein echtes Zuchtpaar billig abzugeben? Etwas Mißtrauen ist hier schon angebracht. Am einfachsten, aber auch am langwierigsten ist es, sich die Zuchttiere selbst aufzuziehen. Zu diesem Zweck müßten Sie sich mehrere Jungfische kaufen und

Stellen Sie in ein Aquarium mit größeren Diskusfischen eine Tonvase und möglicherweise interessiert sich ein Pärchen für dieses Laichsubstrat. Diese Form der Paarbildung ist die idealste.

Aufzucht der Zuchttiere

Wichtig ist, daß Diskusjungfische gleichmäßig wachsen und dies ist nur gewährleistet, wenn neben einer ausgewogenen Fütterung auch ein regelmäßiger Teilwasserwechsel durchgeführt wird. Aus einem Schwarm von Jungfischen sollten Sie nicht immer die allergrößten auswählen, denn sonst haben Sie möglicherweise nur Männchen gekauft.

diese dann über einen längeren Zeitraum aufziehen. So etwas zu tun ist sicherlich nicht verkehrt, denn dann weiß man schließlich, was man geleistet hat und was einen an Zuchtmaterial erwartet. Günstig wäre es, wenn Sie sich aus zwei Jungfischschwärmen jeweils etwa ein halbes Dutzend Fische kaufen würden und diese dann gemeinsam in einem Aufzuchtaquarium pflegen. Wenn Sie diese Fische kaufen, dann wählen Sie möglichst nicht zu kleine Fische aus, denn es wäre schon günstiger, wenn die Auswahl aus drei bis vier Monate alten Diskusfischen erfolgen könnte. Diese Fische haben dann eine Größe von etwa sechs bis acht Zentimetern und zeigen auch schon eine gewisse Färbung und Zeichnung. Bei der Auslese aus dem Jungfischschwarm sollten Sie nicht unbedingt die sechs größten Diskusfische herausfangen, denn dann haben Sie wahrscheinlich mehr Männchen als Weibchen gefangen. Im Normalfall sind die Männchen auch als Jungfische schon etwas größer als die Weibchen. Nehmen Sie also aus dem Jungfischschwarm

Aufzucht der Zuchttiere

ruhig zwei kleinere, zwei mittelgroße und zwei ganz große Fische heraus. Diese Mischung ist sicherlich ideal. Wenn Sie aus einem zweiten Jungfischschwarm weitere Fische auslesen, dann sollten die Farben der beiden Jungfischschwärme in etwa gleich sein, denn sonst hätten Sie später

Tip: Kaufen Sie aus einem Diskusscharm nicht nur die grössten Fische, denn sonst haben Sie wahrscheinlich ausschließlich Männchen erworben.

einen Farbcocktail in Ihrem Aquarium. Doch dies ist auch alles Geschmackssache. Es ist dennoch denkbar, daß Sie sich sechs Rottürkis-Diskus und vielleicht sechs blaugründige Brillanttürkis-Diskus zulegen. Da sich alle Diskusfische miteinander paaren lassen, und dies absolut unabhängig von ihrem Aussehen und ihrer Farbe, stehen Sie vielleicht später vor dem Problemchen, daß sich ausgerechnet ein Rottürkis-Diskus mit einem Blautürkis-Diskus paaren will. Aber ganz so ernst darf man es bei einer Hobbyzucht sowieso nicht

Mit durchschnittlich zwölf Monaten sind Diskusfische geschlechtsreif und Sie können jetzt versuchen, diese Fische zur Nachzucht zu bewegen. Es wäre durchaus einen Versuch wert, einfach ein mögliches Paar zwangsweise in ein spezielles Zuchtaquarium umzusetzen und einige Wochen abzuwarten, ob dieses Paar tatsächlich aus einem Männchen und einem Weibchen besteht.

Aufzucht der Zuchttiere

Um Diskusfische zum Ablaichen zu bewegen, ist es wichtig, sie entsprechend gut zu füttern. Es darf nicht nur eine Futtersorte angeboten werden, denn auch hier liegt in der Vielfalt ein Schlüssel für die erfolgreiche Nachzucht. Frost- oder Lebendfutter sind wichtige Basisbestandteile für die Ernährung von Zuchttieren.

sehen. Da heute soviele Farbvarianten auf dem Markt sind, spielt es fast keine Rolle mehr, welche Fische miteinander verpaart werden. Nur absolute Freaks und sehr ernsthafte Züchter, die ganz bestimmte Zuchtziele verfolgen, müssen die Zuchtfische nach vererbungstechnischen Kriterien aussuchen.

Wenn Sie sich also entschlossen haben, junge Diskusfische zu erwerben und diese aufzuziehen, dann empfiehlt es sich - wie bereits erwähnt - mehrere Fische in einem Aquarium großzuziehen. Dies liegt auch daran, daß der Diskusfisch ein Schwarmfisch ist und es durchaus gerne hat wenn er in einem größeren Schwarm aufgezogen wird. Solche zwölf kleine oder halbwüchsige Diskusfische fühlen sich in einem Aquarium mit etwa 120 x 50 x 60 cm bestimmt sehr wohl. In diesem Aqua-

Aufzucht der Zuchttiere

rium können sie auch fast bis zum Erwachsenenstadium bleiben.
Erst wenn die Fische eine Größe von 14 bis 16 Zentimetern und ein Alter von etwa zehn bis zwölf Monaten erreicht haben, empfiehlt es sich, diese auf zwei Aquarien zu verteilen. Für die Aufzucht dieser Zuchtfische ist es äußerst wichtig, daß optimale Aquarienbedingungen geschaffen werden, denn nur diese ermöglichen ein fehlerfreies Wachstum. Die Fische dürfen keinesfalls in der Aufzuchtzeit erkranken, da sie sonst bleibende Wachstumsschäden zurückbehalten würden. Um Krankheiten zu vermeiden und Wachstum zu fördern, ist ein regelmäßiger Teilwasserwechsel äußerst wichtig. Unter regelmäßig ist mindestens der wöchentliche Teilwasserwechsel von 30 bis 50 % zu verstehen. Gut wäre es, wenn Sie bei einem guten Ausgangswasser die Möglichkeit haben, möglichst oft einen Teilwasserwechsel vorzunehmen.
Ein weiterer Punkt ist das richtige Aufzuchtfutter. Diskusfische sind sozusagen Allesfresser und Sie dürfen deshalb nicht den Fehler machen, ihnen ein einseitiges Futterangebot zu präsentieren. In der Vielfalt liegt die Würze. Füttern Sie also alle gängigen Futtersorten, die ihre Fische gerne fressen. Schnell werden Sie auch feststellen, daß die

Tip: Für ein perfektes Wachstum ist ein nitratarmes Wasser sehr wichtig und deshalb müssen Sie regelmäßige Teilwasserwechsel durchführen, um den Nitratgehalt unter 50 mg/l zu senken.

Enchyträen sind ebenfalls ein wertvolles Diskusfutter, sie dürfen jedoch nicht öfters als zwei- bis viermal wöchentlich gereicht werden, da sie sehr fetthaltig sind.

Aufzucht der Zuchttiere

Fische Lieblingsfutter-Sorten haben werden, doch Sie sollten sich dann nicht dazu verleiten lassen, aus Bequemlichkeitsgründen nur noch dieses Lieblingsfutter anzubieten. Füttern Sie auch mit Vitaminen und Mineralstoffen angereichertes Futter und so weit dies nicht möglich ist, empfiehlt es sich, selbst Vitaminmischungen oder Mineralstoffkombinationen in das Futter zu mischen. Es ist auch durchaus möglich, die gefrorenen Mückenlarven vor dem Verfüttern für eine halbe Stunde mit Vitaminen oder Mineralstoffen beträufelt stehen zu lassen und erst dann zu verfüttern. Oder eine minderwertige Rinderherzmischung mit Vitamintropfen und Mineralpulver aufzupeppen. Füttern Sie aber bitte nicht nur Fleisch, sondern auch unbedingt Grünfutter, das aber in großen Mengen in Futtertieren enthalten ist. Futtertiere, wie Mückenlarven aber auch Shrimps, haben sich ja vor dem Verfüttern selbst ernährt und diese pflanzlichen Futterstoffe befinden sich noch im Verdauungstrakt des Futtertiers. Für die Abwechslung und für die problemlose Fütterung empfiehlt sich auch das Verfüttern von fabrikmäßig hergestellten speziellen Diskusfutterpellets, die, sofern es sich um Markenfutter handelt, sicherlich wertvolle Aufbaustoffe enthalten. Gönnen Sie Ihren Aufzuchtfischen auch ab und zu Lebendfutter, zum Beispiel in Form von Enchyträen. Diese kleinen weißen Würmer werden gierig von Ihren Diskusfischen gefressen werden.

> **Tip:** Wenn Sie eine kleine Enchyträenzucht nebenbei betreiben, dann ist die wenig aufwendig und Sie können Ihren Fischen drei- bis sechsmal wöchentlich dieses leckere Futter anbieten.

Bei abwechslungsreicher, gesunder Fütterung und regelmäßigem Teilwasserwechsel werden Ihre zukünftigen Zuchttiere eine tolle Entwicklung durchmachen und mit etwa einem Jahr werden diese Diskusfische zur Nachzucht schreiten wollen.

Auswahl der Zuchtpaare

Ihre Diskusfische sind jetzt ein Jahr alt und die Zeit der Zucht scheint gekommen zu sein. Sie können aber Ihren Diskusfischen auch noch etwas länger Zeit geben und es schadet gar nicht, wenn noch ein oder zwei oder gar drei Monate vergehen, bis die Fische mit dem Paaren beginnen. Was ist jetzt von Ihrer Seite zu tun, damit sich ein Zuchtpaar herausbildet und zusammengestellt? Wir sind ja davon ausgegangen, daß Sie sich zwölf Diskusfische in zwei Aquarien mit je sechs Tieren aufgezogen haben. Dies ist eigentlich schon eine sehr gute Voraussetzung und Sie müssen nur in diese Aquarien ein oder zwei Tonvasen stellen, um den Fischen einen idealen Laichplatz anzubieten, und abwarten. Möglicherweise stellt sich schon bald ein Pärchen etwas beiseite und „himmelt" eine solche Tonvase an. Am Verhalten der Fische können Sie sehr schnell feststellen, daß sich ein Pärchen gefunden hat. Diese beiden verteidigen die Vase und drängen die anderen Aquarienbewohner etwas beiseite. Ein Diskuspaar ist nicht sonderlich aggressiv, aber es

Im eingerichteten Aquarium laichen Diskusfische auch gerne an Moorkienwurzeln ab. Hat sich ein Pärchen gefunden, wird es eine solche Wurzel auch verteidigen.

Auswahl der Zuchtpaare

Manchmal ist es möglich, die imposanten Köpfe der Diskusfische den Männchen zuzuordnen und mit dieser Aussage auch Glück zu haben.

wird doch versuchen, ein Gebiet abzustecken und in diesem Revier zur Zucht zu schreiten. Sollte sich jetzt ein Pärchen auf natürliche Art und Weise gebildet haben, dann ist dies ein Glücksfall und Sie können nur hoffen, daß es mit der Zucht klappt.

Ein solch natürlich zusammengestelltes perfektes Diskuspaar würde Ihnen als Pfleger nur wenig Arbeit bereiten, doch selten hat man das Glück, daß sich ein solch perfektes Paar auf Anhieb aus einer Gruppe von sechs Fischen bildet. Es kann jedoch auch ganz anders kommen und Sie müssen feststellen, daß sich in Ihren Aquarien mit den sechs ausgewachsenen Partnern nichts rührt und kein Partner Anstalten macht, Laichvorbereitungen zu treffen. Wenn dies der Fall ist, können Sie aus den verschiedenen Aquarien neue Partner kombinieren. Fangen Sie also aus dem einen Aquarium zwei oder drei ausgewachsene Diskus heraus und tauschen Sie diese gegen Dis-

Tip: Die Geschlechter bei Diskusfischen sind kaum zu unterscheiden. Bei Geschwistertieren ist es jedoch so, daß die Männchen allgemein etwas kräftiger und größer erscheinen, was sich besonders in der Kopfpartie bemerkbar macht, wenn man diese von vorne betrachtet.

kus aus dem anderen Aquarium aus. Dann haben Sie wieder eine neue Kombination in den Aquarien und vielleicht klappt es ja diesmal mit der Zusammenstellung eines Paars. Da es äußerst schwierig ist, die Geschlechter bei Diskusfischen festzustellen, müssen Sie sich hier auf Ihre Beobachtungsgabe verlassen. Sie haben diese Fische ja aufgezogen und somit sollte es ihnen möglich sein, bei einer Kombination von äußerlichen Merkmalen und dem

Auswahl der Zuchtpaare

en der Fische, Rückschlüsse auf deren Geschlecht zu ziehen. Meistens sind die Männchen bei Geschwistertieren etwas größer und etwas bulliger in der Form. Besonders im Kopfbereich fällt dieser Größenunterschied besser auf. Auch die Beflossung kann etwas größer wirken und die Schwanzflosse scheint breiter zu sein. Beim Verhalten ist es nicht so, daß die Männchen aktiver wären als die Weibchen. Oft kann es sogar umgekehrt sein.

Wenn auch das Austauschen von Fischen im Aquarium nicht weiterhilft, empfiehlt es sich einmal, folgenden Versuch zu unternehmen: Richten Sie ein separates Zuchtaquarium mit etwa 150 Litern Wasserinhalt ein. Stellen Sie darin eine Laichvase in die Mitte des Aquariums und fangen Sie dann nach Gefühl ein typisches Männchen und ein typisches Weibchen aus Ihren Diskusgruppen heraus. Diese beiden Fische setzen Sie dann einfach in diesem Zuchtaquarium zusammen. Lassen Sie den Fischen ruhig zwei bis vier Wochen Zeit, um sich zurechtzufinden und eventuell miteinander abzulaichen. Anfangs kann es dazu kommen, daß die Fische sich etwas streiten, jedoch müssen Sie nicht eingreifen, wenn es sich nur um leichte Streitereien handelt. Hört das Streiten jedoch nicht auf und sind die Fische richtig aggressiv gegeneinander, dann müssen Sie den optisch stärkeren Partner herausfangen und

In ihrer Heimat Brasilien laichen die Diskusfische bevorzugt während der Überschwemmungszeit ab.

es mit einem anderen Partner neu versuchen. Sicherlich kann man die Fische nicht zwingen, Paare zu bilden, aber mit etwas Geduld und Fingerspitzengefühl kann man schon zum Ziel kommen und ein Pärchen zusammenstellen. Überhaupt kommt es bei der Diskuszucht auf viel Geduld an, und Sie müssen sich immer genügend Zeit lassen und dürfen nichts erzwingen wollen.

Das richtige Aquarium

Bei professionellen Züchtern stehen ganze Regale vollgepackt mit Zuchtaquarien, die jeweils durchschnittlich 100 bis 150 Liter Wasser-Inhalt aufweisen.

Das perfekte Diskusaquarium gibt es eigentlich nicht, denn immer wenn man ein Aquarium aufgestellt und in Betrieb genommen hat, stellt man fest, daß irgendetwas nicht so paßt, wie man sich dies vorstellte. Pauschal kann jedoch gesagt werden, daß Diskusaquarien gar nicht groß genug sein können. Dies trifft natürlich in erster Linie auf die Hälterung und Pflege von Diskusfischen zu, wobei bei der Zucht kleinere Aquarien mit durchschnittlich 150 Litern Wasserinhalt pro Paar völlig ausreichend sind.

> **Tip:** Die klassischen Diskuszuchtaquarien - und in diesem Buch geht es ja vorrangig um die Diskuszucht - sind Würfel mit einer Kantenlänge von jeweils 50 cm.

Ein gutes Zuchtaquarium faßt also beispielsweise 125 Liter Wasser und ist geeignet, einem Diskuspaar als Zuchtaquarium zu dienen. Selbstverständlich spricht nichts dagegen, ein solches Zuchtaquarium auch etwas größer auszuwählen und beispielsweise eine Frontlänge von 60, 70 oder gar 80 cm anzubieten. So steht mehr Wasser zur Verfügung und die Fische haben auch mehr Platz. Die ideale Höhe für Zuchtaquarien ist sicherlich eine Höhe von 50 cm. Sind Aquarien höher als 50 cm, wird das Hantieren im Aquarium durch die Höhe erschwert. Auch bei der Tiefe des Aquariums sind maximal 60 cm als äußerste Tiefe vorzugeben, denn sonst wird es schon schwierig, in die hinterste Ecke des

Das richtige Aquarium

Aquariums zu gelangen, um zum Beispiel mit einem Schlauch Futterreste abzusaugen. Also noch mal, für

Tip: Wenn Sie in der Mitte des Aquariums einen etwa 5 cm hohen Glasstreifen einkleben, könnten Sie im hinteren Aquarienbereich Bodengrund einbringen und sogar Pflanzen einsetzen. Im vorderen Bereich würde das Futter gereicht und Futterreste könnten problemlos abgesaugt werden.

Zuchtaquarien maximale Höhe 50 cm, maximale Tiefe 60 cm. In der Breite des Aquariums sind eigentlich keine Beschränkungen vorgegeben, jedoch ist es für einzelne Paare sicherlich nicht erforderlich über 80 cm Länge zu gehen, denn sonst wird zum Einen nur unnötig Raum verschenkt und zum Anderen ist es auch schwieriger, die kleinen Jungfische bei der Fütterung unter Kontrolle zu halten. Viele professionelle Züchter nehmen wegen der einfacheren Fütterung die Jungfische schon nach wenigen Tagen von den Eltern ab und überführen diese in sehr kleine Aufzuchtaquarien, worin die Jungfische anfangs nur zehn Liter Wasser zur Verfügung haben, in diesen kleinen Aquarien aber optimal im Futter stehen. In einem großen Aquarium mit mehreren hundert Litern Wasserinhalt verliert sich das Futter, wie zum Beispiel die *Artemia*-krebschen, auch sehr schnell. Somit ist verständlich, weshalb in der Größe der Zuchtaquarien oft etwas Beschränkung auferlegt wird.

Normalerweise weist das Zuchtaquarium keinerlei Bodengrund auf. Wenn Sie jedoch möchten, können

Diskusfische bevorzugen für die Eiablage die typischen Tongrabvasen, die auch weltweit von den meisten Diskuszüchtern verwendet werden.

Das richtige Aquarium

In Diskuszuchtanlagen können mehrere Aquarien über einen Zentralfilter gereinigt werden. Durch dieses Zusammenschließen wird so manche Reinigungsarbeit erleichtert. Auf dem unteren Bild interessiert sich ein riesiges Diskusmännchen gerade für die Laichvase und beginnt mit dem Putzen.

Sie eine dünne Sandschicht in das Aquarium einbringen, allerdings erfordert eine solche Sandschicht auch mehr Aufmerksamkeit und in jedem Falle ist zu vermeiden, daß Futterreste in dieser Sandschicht verborgen bleiben und verderben können. Versuchen Sie es also erst einmal ohne Bodengrund. Als Dekorationsstücke werden in einem Zuchtaquarium normalerweise nur die typischen Tonvasen als Laichkegel angeboten. Dies ist eigentlich schon die einzige Einrichtung. Daß solche Diskuszuchtaquarien sehr kahl eingerichtet werden, ist logisch, denn solche Aquarien lassen sich viel einfacher und unproblematischer sauber halten. Die Reinigung und Pflege von Zuchtaquarien spielt eine große Rolle bei der erfolgreichen Vermehrung und Aufzucht von Diskusfischen. Sicherlich hätte der Gelegenheitszüchter, der mehr Wert auf Schönheit legt, die Möglichkeit, seine Zuchtaquarien etwas dekorativer zu gestalten und zum

Beispiel eine größere Pflanze in einem Topf ins Aquarium zu setzen. Diese einzelne Pflanze läßt sich im Topf gut transportieren und zur Sauberhaltung auch verschieben, so daß sie wenig stört. Auch das Einbringen von Moorkienwurzeln wäre eine Möglichkeit, je-

Das richtige Aquarium

doch geben Moorkienwurzeln auch gewisse Huminstoffe an das Wasser ab, und falls die Wurzeln nicht wirklich sehr gut gereinigt und ausgekocht wurden, stellen sie eine Gefahr für die Jungbrut dar. Es ist sicherlich ratsamer, auf solche Wurzeln in einem Zuchtaquarium zu verzichten. Eine Alternative für natürliche Wurzeln wären Keramikwurzeln, die im Fachhandel angeboten werden. Diese den natürlichen Mangrovenwurzeln nachempfundenen Keramikteile sind nicht nur einigermaßen dekorativ, sondern erfüllen auch den Zweck, daß die Fische einen gewissen Unterstand bekommen und sich vielleicht wohler fühlen. Es war auch öfters zu beobachten, daß die Diskuspaare solche Keramikwurzeln als Laichunterlage benutzten und dann erfüllen diese Wurzeln gleich mehrere gute Zwecke.

Wenn Sie Steine zur Dekoration oder als Laichsubstrat verwenden wollen, müssen Sie unbedingt darauf achten, daß diese Steine keinerlei Härtebildner an das Wasser abgeben können. Es wäre also falsch, kalkhaltige Steine in ein Diskuszuchtaquarium zu legen, denn diese würden das Wasser unnötigerweise aufhärten. Steinplatten aus Schiefer oder Granit wären geeignet, einerseits als Dekoration, andererseits als Laichunterlage zu dienen.

Einblick in eine vorbildliche Zucht- und Hälterungsanlage, bei welcher die Raumheizung für ausreichend trockene Luft sorgt.

Diskuspaare laichen im Aquarium an verschiedenen Gegenständen ab und dabei nehmen sie keinerlei Rücksicht auf die Wünsche des Pflegers. Befindet sich eine Tonvase im Aquarium, so nehmen die Fische im Normalfall diese Tonvase auch als Laichunterlage an. Fehlt die Vase, wie es oft in Südostasiatischen Züchtereien der Fall ist, dann laichen die Fische an Kunststoffrohren, Heiz-

Das richtige Aquarium

In einer professionellen Zuchtanlage wird auch gerne ein sogenannter Biofilter zur Wasseraufbereitung eingesetzt.

Viele Diskusaquarianer richten sich einen eigenen Diskusraum oder Diskuskeller ein. Diskusaquarien stehen nun mal meistens im Keller, aber das macht ja auch nichts, wenn dieser Kellerraum entsprechend schön eingerichtet ist. Hier lassen sich dann mehrere Aquarien nebeneinander oder übereinander aufstellen. So mancher Diskusfreak hat zuerst in seinem Wohnzimmer mit einem Diskusaquarium angefangen und ist dann nach und nach in den Keller gezogen, in dem er schließlich ein Dutzend oder mehr Aquarien in einem Diskusraum aufgestellt hat. Diese Diskusliebhaber kennen wir alle sehr gut und wir bewundern sie. Besucht man sie zu Hause, dann steuert man beim Betreten des Hauses oder der Wohnung sofort auf die Kellertüre zu, denn wo sonst sollen sich die Diskusfische wohl befinden?

Wenn Sie also zu den glücklichen gehören, die einen gut isolierten Kellerraum zur Verfügung haben, dann planen Sie ruhig eine größere Diskusanlage ein, denn irgendwann klappt es mit der Zucht und dann

stäben oder Filterrohren ab. Manchmal wird auch aus der Not einfach an die Aquarienscheibe gelaicht.
Beim Aufstellen des Zuchtaquariums ist darauf zu achten, daß keine unnötigen Schatten in das Aquarium fallen und deshalb ist eine Aufstellung in der Nähe eines Fensters nicht wünschenswert. Auch bei künstlicher Raumbeleuchtung ist darauf zu achten, daß die Schatten des Pflegers nicht bei jedem Vorbeilaufen am Aquarium auch in dieses hineinfallen. Die Fische würden sonst schreckhaft reagieren und dies ist unnötig. Werden nur die Aquarien beleuchtet, ist es deshalb kaum nötig, eine zusätzliche Raumbeleuchtung einzuschalten und dann wird dieser Schattenwurf von vorneherein ausgeschaltet.

Das richtige Aquarium

Obwohl die Jungfische sehr engen Körperkontakt mit den Eltern halten, besteht immer wieder die Gefahr, daß sie in einen starken Filter gezogen werden und sterben.

wird sich die Anzahl der Aquarien schnell vervielfachen.
Wenn Sie den Entschluß gefaßt haben, Diskusfische zu züchten, dann werden Sie nicht nur ein Zuchtaquarium, sondern oft zwei oder drei spezielle Zuchtaquarien aufstellen. Damit fangen Sie also erst einmal an. Bei zwei oder drei Zuchtaquarien ist es noch unwesentlich, ob diese zentral gefiltert werden, oder ob Sie eine Einzelfilterung der Aquarien bevorzugen. Mit der Einzelfilterung anzufangen ist gar nicht so verkehrt, denn es gibt sehr einfache, luftbetriebene Schaumstofffilter, die für ein Zuchtaquarium mit 100 bis 200 Litern Wasserinhalt bestens geeignet sind. Diese Schaumstofffilter besitzen Filterpatronen, die über Luftansaugrohre geschoben werden und so das Wasser ansaugen. In diesen Filterpatronen bilden sich schnell Bakterienstämme, welche die Filterung des Wassers begünstigen. Solche Filterschwämme dürfen auch nie voll-

Das richtige Aquarium

ständig ausgewaschen werden, denn sonst gehen diese Bakterien ja verloren. Waschen Sie sie also nur mit lauwarmem Wasser flüchtig aus, so daß die groben Verschmutzungen verschwinden und die Schaumstoffpatrone wieder wirksam filtert. Wenn Sie erstmals eine Zuchtanlage mit mehreren Aquarien Ihr eigen nennen, werden Sie die Möglichkeit einer Zentralfilterung in Erwägung ziehen. Eine solche Zentralfilterung

> **Tip:** Wenn Sie ein Diskuspaar zum Ablaichen bringen wollen, dann schließen Sie das Zuchtaquarium doch an den Wasserkreislauf eines anderen Zuchtaquariums mit einem perfekten Zuchtpaar an. Durch die Pheromone, die das laichende Pärchen abgibt, wird auch das andere Zuchtpaar zum Ablaichen angeregt. Durch diesen Trick ist es möglich „schwierige" Paare zur Zucht zu bewegen.

sieht so aus, daß in einem Filterbecken die Überläufe der verschiedenen Zuchtaquarien zusammengeführt werden. Das Wasser wird in diesem Zentralfilter gereinigt und mit Hilfe einer Pumpe wieder in ein Rohrsystem zurückgepumpt, von dem aus die einzelnen Aquarien versorgt werden. Durch das Überlaufprinzip ist es gewährleistet, daß alle Aquarien den gleichen Wasserstand besitzen. In dem Zentralfilter werden meist mehrere Filterkammern eingeklebt, die mit verschiedenen Filtermaterialien bestückt werden. In der ersten Filterkammer befindet sich eine Grobfilterung, die oft mit Filterwatte durchgeführt wird. Diese Filterwatte läßt sich sehr leicht austauschen und so kann der grobe Schmutz schnell entfernt werden. In den weiteren Filterkammern befinden sich dann die verschiedensten Filtermaterialien, welche die Feinfilterung vornehmen sollen. Solche Zentralfilter mit großen Filterkammern haben eine relativ lange Standzeit und leisten gute Arbeit. In diesen großen Zentralfiltern können zusätzliche Filtermaterialien wie Torf oder Aktivkohle eingesetzt werden. So ist es zum Beispiel möglich mit Hilfe eines Aktivkohleeinsatzes Medikamente herauszufiltern, oder Sie haben die Möglichkeit, mit Hilfe der Torffilterung für eine Zeit zusätzlich Huminstoffe dem Wasser zuzufügen oder den pH-Wert leicht mit Hilfe des Torfes abzusenken. Doch auch ein Zentralfilter hat kleine Nachteile und so wäre als erster Nachteil die Übertragung von Krankheiten auf alle Zuchtaquarien zu nennen. Doch Krankheiten dürfen in einer Zuchtanlage erst gar keine ausbrechen, denn hier dürfen nur Fische einge-

Das richtige Aquarium

bracht werden, die vorher eine mehrmonatige Quarantänezeit durchlaufen haben und absolut gesund sind. Nachteilig ist auch, daß wenn Sie ein Medikament anwenden müssen, Sie jetzt dieses Medikament für eine sehr große Wassermenge besorgen müssen und dies kann schon ins Geld gehen.

Oft werden in einer zentralen Zuchtanlage mit gemeinsamem Filter die Zuchtpaare durch Pheromone von anderen Paaren angeregt. Diskusfische geben, wie andere Fische auch, Geschlechtshormone an das Wasser ab, um den Laichpartner zum Ablaichen anzuregen. Da sich diese Pheromone dann ja in der gesamten Anlage befinden, werden sicherlich andere Paare von diesen Pheromonen angeregt und es konnte immer wieder beobachtet werden, daß es zu regelrechten „Reihenablaichungen" kam; was bedeuten soll, daß wenn erst einmal ein Pärchen zu laichen beginnt, die anderen bald folgen werden. Dieses reihenweise Ablaichen in einer größeren Zucht-

Hier wurde ein größeres Zuchtaquarium mit einer wasserdurchlässigen Trennwand versehen und beide Paare laichten fast gleichzeitig ab.

anlage hat einen riesigen Vorteil. Wenn Sie nämlich ein Pärchen dazwischen haben, welches schlecht pflegt, seine Eier frißt, oder sich nicht um die Larven kümmert, dann können Sie zum Beispiel diesem Pärchen den Laichkegel abnehmen und in das Aquarium eines gut pflegenden Pärchens stellen. Jetzt hat dieses gut pflegende Pärchen zwei Laichkegel im Aquarium stehen und es wird die fremden Eier genauso betreuen und die Larven ebenfalls mit großziehen, so daß diese Ammenaufzucht eine tolle Sache in der Diskuszucht ist. Meist sind es nämlich gerade die schönsten Diskuspaare, die Schwierigkeiten bei der Aufzucht bereiten. Und von diesen Paaren möchte man ja auch einmal Junge besitzen und da bietet sich dann die Ammenaufzucht an.

Technisches Zubehör

Die Beleuchtung

Die richtige Beleuchtung für ein Diskusaquarium zu finden, ist eigentlich nicht so kompliziert, denn in der Diskuspflege haben sich Leuchtstoffröhren am besten bewährt. Hängen Sie also über Ihre Diskusaquarien Leuchtstoffröhren mit der von Ihnen bevorzugten Lichtfarbe und schon paßt alles bestens. Die Behauptung, daß Diskusfische nur wenig Licht haben wollen, ist schlichtweg falsch. Andererseits müssen Sie Zuchtaquarien aber auch nicht übermäßig stark beleuchten, denn es befinden sich ja keine Pflanzen in diesen Aquarien, die Licht benötigen. Wie in der Natur auch, sollten Sie Ihren Diskusfischen berücksichtigen, daß Diskusfische wie andere Fische auch, durch plötzliche Lichteinflüsse erschrecken können. Es wäre also günstig, wenn zum Beispiel durch ein Fenster erst einmal Dämmerungslicht in einen Diskusraum fallen würde, damit die Fische sich langsam an das Tageslicht gewöhnen. Erst dann wird die Aquarienbeleuchtung eingeschaltet. Abends ist es genauso. Es wäre günstig, wenn das Licht nicht plötzlich im gesamten Raum abgeschaltet würde,

Manchmal suchen sich die Paare die unmöglichsten Laichplätze aus. So wurde hier der Heizer auserwählt und selbstverständlich muß der Heizstab sofort abgeschaltet werden.

> **Tip:** Diskusfische schlagen und erschrecken sich sehr stark beim plötzlichen Einschalten von Licht. Planen Sie deshalb ein Dämmerungslicht ein, oder benutzen Sie in speziellen Diskusräumen ein schwaches Nachtlicht, so daß es nicht zu Ausfällen durch schreckhaftes Umherschießen im Aquarium kommt.

einen Lichtrythmus von 12 Stunden täglich bieten. Beim Ein- und Ausschalten des Lichts ist zu

Technisches Zubehör

sondern wenn zum Beispiel noch ein Raumlicht oder ein spezielles Nachtlicht brennen bliebe. Gerade bei der Zucht hat es sich auch bewährt, ein

> **Tip:** Halten Sie Ihre Diskusfische nie bei Temperaturen unter 28 °C. Erhöhen Sie für die Zucht die Wassertemperatur auf 30 bis 32 °C. Leichte Temperaturerhöhungen um ein bis zwei Grad Celsius wirken manchmal laichfördernd.

schwaches Nachtlicht in der Nähe des Aquariums brennen zu lassen.

Die Heizung

Auch die Beheizung für ein Diskusaquarium bereitet nur wenig Probleme, denn üblicherweise werden Regelheizer eingesetzt, die das Aquarienwasser ziemlich genau anwärmen können. Da Diskusfische ja bei Mindesttemperaturen von 28 °C zu halten sind und für die Zucht Durchschnittswerte von 30 °C erforderlich sind, müssen die Heizstäbe entsprechend dimensioniert sein. Es soll ja nicht so sein, daß die Heizstäbe den ganzen Tag über in Betrieb sein müssen, um die Wassertemperatur zu halten. Die Thermostatheizstäbe können direkt im Aquarium installiert oder falls dies möglich ist, können sie auch direkt in den Zentralfilter gesetzt werden. In größeren Zuchtanlagen werden Sie die Möglichkeit in Erwägung ziehen, auch eine entsprechende Raumheizung einzubauen, denn bei starker Raumheizung brauchen die Heizstäbe nur noch als Ergänzung eingesetzt zu werden. Mit einer zentralen Raumheizung lassen sich nicht nur die Aquarien aufheizen, sondern es läßt sich auch verhindern, daß der Raum unter starkem Schwitzwasser leidet, doch dies wird erst der Fall sein, wenn die Anzahl der Diskusaquarien so stark angestiegen ist, daß man schon von Profizucht sprechen kann. Dann empfiehlt es sich vielleicht auch einmal, mit einem Heizungsfachmann Kontakt aufzunehmen und über den Anschluß der Aquarien an die Zentralheizung des Hauses nachzudenken.

> **Tip:** Während der ersten Tage nach dem Freischwimmen der Diskuslarven, darf im Zuchtaquarium nur eine leichte Filterung laufen. Überhaupt sind große Schwankungen im Wasserhaushalt unbedingt zu vermeiden

Die Filterung

Über die richtige Filterung eines Zuchtaquariums wurde ja bereits gesprochen und so bleibt nur zu

Technisches Zubehör

*Zur Filterung von Diskusaquarien eignen sich verschiedene Filtersysteme. Die Filterkartuschen im oberen Bild sind sehr gut zu reinigen und sorgen für sauerstoffreiches Wasser.
In das untere Aquarium wurde ein Innenfilter eingeklebt, der eine große Kammer mit Schaumstoff besitzt, durch welche das Wasser mit einer Pumpe und einem Überlauf gedrückt wird.*

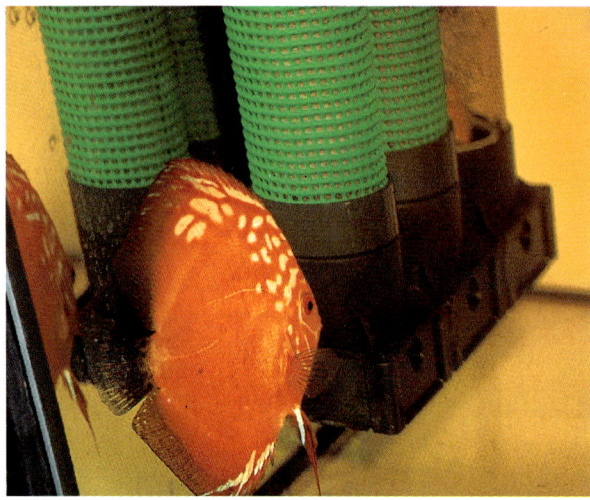

erwähnen, daß bei der Auswahl der Filtersysteme die Industrie so viele verschiedene Möglichkeiten vorgegeben hat, daß sich jeder Hobbyaquarianer hier regelrecht austoben kann. Obwohl es für Diskusaquarien die verschiedensten Filtermethoden gibt, müssen Sie bei der Aufzucht der Jungfische im Zuchtaquarium ein geeignetes Filtersystem einsetzen. Ein Hauptproblem bei der Filterung im Zuchtaquarium ist, daß während des Zuchtansatzes und während des Schlüpfens, Freischwimmens und der ersten Aufzuchttage nur wenig Wasser gewechselt werden darf. Es soll deshalb wenig Wasser gewechselt werden, damit es nicht zu großen Wasserqualitätsunterschieden kommt. Wenn nämlich beispielsweise der pH-Wert durch den Teilwasserwechsel zu stark beeinflußt wird, könnten sowohl die Eier als auch die Larven und

Technisches Zubehör

Wasserbewegung verursacht. Es nützt überhaupt nichts, einen starken Filter in einem Zuchtaquarium einzusetzen, der die Fische beim Ablaichen behindert. Diskusfische wollen nicht in einer starken Strömung stehen, sondern sie bevorzugen mehr stillstehendes Wasser. Für einzelne Zuchtaquarien empfiehlt sich aus diesen Gründen meist der Einsatz sogenannter Schwammfilter. Diese gibt es in verschiedenen Ausführungen und sie sind alle mehr oder weniger gut geeignet, um das Wasser leicht zu bewegen und die notwendige Filterung vorzunehmen. Sicherlich darf die Jungfische Schaden nehmen. Diese Schäden können sich zum Beispiel in zerstörten Eiern oder beim Freischwimmen der Larven auswirken. Auch kann es durch pH-Wertschwankungen und Wasserveränderungen dazu kommen, daß Jungfische später Kiemendeformationen aufweisen.
Auch muß der Filter im Zuchtaquarium so regelbar sein, daß er nur wenig man sich von kleinen Schwammfiltern keine Wunder erhoffen, aber sind die Schwämme erst einmal einige Tage in Betrieb und haben sich rich-

Im oberen Bild ist der Schaumstoff in einem Innenfilter zu sehen. Dieses Filtermaterial wird sehr gerne in der Diskuszucht verwendet. Seine Vorteile sind die hohe Aufnahme von Schmutzpartikeln und die lange Standzeit. Im unteren Bild ist ein sogenannter Biofilter zu sehen, bei welchem das zu filternde Wasser langsam über Biobälle rieselt, was ihm auch den Namen Rieselfilter eingebracht hat.

Technisches Zubehör

tig zugesetzt und es konnten sich Bakterienstämme entwickeln, dann ist die Filterleistung für Zuchtaquarien mit 100 bis 150 Litern Wasserinhalt völlig ausreichend und gut. Es funktioniert sogar ein Nitratabbau in diesen Filtern. Die Nitratwerte spielen eine bedeutende Rolle bei der Zucht von Diskusfischen. Sie sollten die Nitratwerte immer wieder am besten mit Teststäbchen überprüfen, um zu kontrollieren, daß der Nitratwert im Zuchtwasser möglichst nicht über 30 mg/l steigt.

Mehrere Zuchtaquarien können an einen Zentralfilter angeschlossen werden. Dabei wird die Wasserverteilung über ein Rohrsystem vorgenommen. Diese Zentralfilter stehen in der Regel unter den Aquarien.

Sind die Larven erst einmal geschlüpft, werden diese durch den Filter nicht belästigt. Es ist sogar öfters festzustellen, daß die freischwimmenden Larven auf dem Filtermaterial herumpicken und nach Feinstnahrung suchen. Auch ein Ansaugen der Jungfische ist durch die Schwammfilter nicht möglich und somit kann es nicht passieren - wie dies bei schnell laufenden Topffiltern der Fall sein kann - daß die Larven unerwartet in dem Filtertopf verschwinden. Unterschätzen Sie das Ansaugen der kleinen Diskuslarven bitte nicht, denn selbst bei langsam laufenden Überlauffiltern ist es so, daß ein Großteil der Larven in dem Filter verschwinden kann. Sie müssen unbedingt den Ansaugstutzen von solchen Filtersystemen mit einem Schwamm oder mit einem Wattebausch, der mit Hilfe eines Gummis befestigt wird, schützen. Dieser Schwammschutz oder die Filterwatte, die am Ansaugstutzen befestigt wurde, muß öfters gereinigt werden, denn sonst wird die Filterleistung beeinträchtigt.

Überhaupt ist Filterschaumstoff in den letzten Jahren für das Bestücken von Filterkammern sehr beliebt geworden, denn dieses Material ist ja sehr lange einsetzbar und die Standzeiten solcher sogenannter Biofilterkammern sind ja enorm. Diskuslieb-

Technisches Zubehör

haber neigen also dazu gerade die Aufzuchtaquarien für Jungfische mit solchen Außenfilterkammern zu versehen. Dies sieht in der Praxis dann so aus, daß im Aquarium oder neben dem Aquarium eine Filterkammer eingeklebt und mit Hilfe eines Überlaufrohres oder im Aquarium mit einer Einlauföffnung das zu reinigende Wasser über mehrere Kammern mit verschiedenen Filtermaterialien laufen gelassen wird. In der ersten Kammer erfolgt logischerweise eine grobe Vorreinigung und das Filtermaterial in dieser Vorkammer muß deshalb öfters ausgewaschen oder erneuert werden, damit der grobe Schmutz schnell aus dem Aquarienkreislauf entfernt werden kann. In der zweiten oder dritten Filterkammer befindet sich dann Langzeitfiltermaterial aus Schaumstoff oder irgendwelchen Ton- bzw. Sinterglasröhrchen und schon ist der Langzeitfilter fertig. In der letzten Kammer liegt dann die Pumpe, die das gereinigte Wasser wieder in das Aquarium zurück befördert. Dieser einfache Kreislauf gewährleistet eine gute Filterung und in der täglichen Handhabung sind diese Filter auch sehr einfach und praktisch.

Da Aquarianer immer wieder davon träumen, Nitrat im Aquarium abzubauen, versuchen sie Biofilter zu

Damit die kleinen Diskusfische nicht vom Filteransaugrohr angesaugt werden, ist dieses am besten mit einem Sieb oder einem aufgesteckten etwas grobporigerem Schwamm zu schützen. Dieser Schwamm kann regelmäßig ausgewaschen werden, um ein Zusetzen mit Schmutzpartikeln zu verhindern. Am besten benutzen Sie zwei Schwämme, die regelmäßig ausgetauscht und gereinigt werden.

Technisches Zubehör

Im oberen Bild ist eine Anlage mit mehreren kleinen Aufzuchtaquarien zu sehen. Es handelt sich um eine Zuchtanlage in Südostasien, in der die kleinen Diskusfische schon sehr früh von den Eltern entfernt werden. Dies wird getan, um ein schnelleres Wiederablaichen der Alttiere zu erzielen. Im unteren Bild ist eine Gruppe von Wildfang-Heckel zu sehen. Heckel-Diskus sind die am schwierigsten zu haltenden Wildfänge.

installieren, die diese Aufgabe übernehmen. In der Süßwasseraquaristik kann dieser Nitratabbau jedoch nicht so einfach funktionieren, aber es sieht einfach gut aus, wenn die Filterkammern mächtig dimensioniert sind und deshalb gibt es hier sehr viel Erfindergeist. So werden auch Unmengen von Kunststoffbällen in Außenfiltern oder Tropffiltern eingesetzt, um das Wasser zu reinigen. Bei der Aufzucht der Jungfische müssen neben guten Filtersystemen, die den Grobschmutz schnell entfernen können, unbedingt Nitratreduzierungen durch Teilwasserwechsel vorgenommen werden. Gerade bei der Aufzucht von Diskusjungfischen ist es wichtig, daß der meist zu hohe Nitratgehalt immer wieder reduziert wird. Nitrat hemmt das Wachstum der Diskusjungfische und wenn Ihr Ausgangswasser, bzw. Ihr Leitungswasser einen

Technisches Zubehör

sehr geringen Nitratwert aufweist, dann sollten Sie unbedingt regelmäßig Wasser wechseln. Der Einsatz von nitratentfernenden Austauscherharzen ist nicht unumstritten, denn bei diesem Austausch werden große Mengen von Kochsalz in das Wasser eingespült, die sich eventuell wiederum günstig auf die Fische auswirken können.

Wo größere Mengen an Diskusaquarien aufgestellt werden, und dies ist vielleicht bei Ihnen zu Hause bald der Fall, weil Sie viel Erfolg mit der Diskuszucht haben, werden die Filtersysteme gerne mit Rohren versehen, um die Arbeit des Wasserwechsels und des Filterns zu erleichtern. Denken Sie also beim Aufstellen mehrerer Zucht- bzw. Aufzuchtaquarien schon einmal daran, einen automatischen Wasserwechsel einzuplanen. Dies geht einfacher als Sie vielleicht denken, wenn Sie sich vorher bei Fachleuten kundig machen. Es können von der Wasserleitung direkt Rohre abgezweigt werden und über jedem Aquarium kann ein Wasserzulauf und ein Wasserablauf installiert werden. Verwenden Sie für diese Rohrsysteme jedoch unbedingt qualitativ hochwertige Kugelhähne, damit Ihre Wasserhähne auch noch nach einigen Monaten perfekt funktionieren. Hier dürfen Sie nicht am falschen Platz sparen. Es ist sogar möglich, über eine Zeitschaltuhr, bzw. über eine Kontrolluhr für die Wassermengen, vollautomatische Wasserwechselsysteme einzubauen. Mit Hilfe eines Schwimmers wird der Wasserstand in den Aquarien geregelt und rechtzeitig die Wasserzufuhr gestoppt. Das Ganze läßt sich dann auch noch mit einem Zentralfilter kombinieren, so daß Sie vielleicht für zehn oder zwanzig Diskusaquarien nur noch eine Filterkammer besitzen. Diese groß dimensionierte Filterkammer filtert dann das Wasser aus allen Aquarien und von dort wird auch das gereinigte Wasser wieder in die Aquarien zurückgepumpt. In geschlossenen Aquariensystemen, in denen beim Zukauf von neuen Fischen eine sehr peinliche Quarantänebehandlung vorgenommen wird, kann eigentlich auch in Bezug auf Krankheitsübertragungen nicht viel passieren.

Wie Sie sehen, kann ein Diskusaquarium mit einem einfachen Schwammfilter für wenige D-Mark oder mit einem hochwertigen, komplizierten, perfekten Filtersystem ausgestattet werden, so daß sich sagen läßt: Mit der Zunahme der Aquarienanzahl, nimmt auch die Qualität, bzw. der Umfang der Aquarienfilterung zu.

Technisches Zubehör

Die Pigeon-Blood-Diskus aus Thailand haben in den letzten Jahren den Diskusmarkt wieder kräftig in Bewegung gebracht, denn Dank der interessanten asiatischen Farbformen, gelang es immer wieder, neue Farbvarianten zu züchten. Bei der Nachzucht bereiten diese Fische manchmal Probleme, weil sie zu wenig oder kein Hautsekret bilden. Foto: A. Dubach

Das Diskuszuchtwasser

Ja, es gibt tatsächlich ein spezielles Diskuszuchtwasser, doch das müssen Sie sich schon selbst zubereiten. Nur an wenigen Stellen in Deutschland gibt es ein Leitungswasser, welches für die Zuchtbedürfnisse der Dikusfische ideal ist. Leider müssen die Wasserwerke wegen der Trinkwasserverordnung das weiche Wasser aufhärten und den pH-Wert des Wassers wieder erhöhen, um die gesetzlichen Bestimmungen zu erfüllen. In diesem Leitungswasser lassen sich Diskusfische zwar sehr gut halten und auch großziehen, aber mit der Zucht klappt es meistens nicht so gut. Das Wasser ist einfach zu hart oder der pH-Wert ist zu hoch. Hartes Leitungswasser hat die Eigenschaft, einen sehr hohen osmotischen Druck durch den Mineralgehalt auf die Diskuseier auszuüben. Von Natur aus sind die Diskuseier nicht dafür vorgesehen, diesen osmotischen Druck auszuhalten und so kommt es zur Zerstörung der Eizellen, wobei das Ei aber optisch absolut intakt bleibt. Dies hat zur Folge, daß aus dem Ei keine Larve schlüpfen kann und die Zucht hat somit nicht geklappt. Was ist zu tun? Sie müssen sich Ihr Diskuszuchtwasser selbst aufbereiten und zusammenstellen. Dazu gehört eine gehörige Portion Fingerspitzengefühl und etwas Glück. Doch Glück haben die Anfänger ja meistens sehr viel, so daß Sie als Neuling in der Diskuszucht sicherlich bald mit einem Zuchterfolg glänzen können.

Wichtig ist, daß Ihr Diskuswasser sehr wenig Kalk, also Karbonathärte besitzt. Wie hart Ihr Leitungswasser ist, bzw. wieviel Kalk es enthält, können Sie durch einfache Tropfreagenzien, die im Zoofachhandel

Zur Eientwicklung ist das Aquarienwasser von größter Bedeutung. Um die Wasserwerte zu verändern, können Entsalzungsanlagen eingesetzt werden, die teil- oder vollentsalzen.

Das Diskuszuchtwasser

erhältlich sind, ermitteln. Sie werden also nicht umhin kommen, einmal diese Werte festzustellen und zu messen. Wenn Sie dann feststellen, daß Ihr Leitungswasser ziemlich kalkarm ist, dann ist dies sehr gut und Sie müssen vielleicht nur die Gesamthärte und den pH-Wert etwas absenken. Dies kann beispielsweise schon

> **Tip:** Zur Zucht ist ein Wasser mit einem elektrischen Leitwert unter 100 μS ideal. Bei Osmosewasser müssen Sie jedoch geringe Mengen an Mineralstoffen zusetzen, um dieses Wasser fischgerecht zu machen.

alleine durch den Einsatz eines guten Aquarientorfs geschehen.
Dieser Aquarientorf wird dann in das Filtersystem eingebaut und langsam senken sich die Gesamthärte und der pH-Wert ab. Allerdings dürfen Sie durch diese Torffiltration keine Wunder erwarten, aber kleine Auswirkungen sind auf jeden Fall möglich. Vielleicht reicht dies schon, um ein brauchbares Zuchtwasser herzustellen. Ist dies nicht der Fall, und ist die elektrische Leitfähigkeit des Ausgangswassers immer noch zu hoch, dann müssen Sie Ihr Ausgangswasser doch aufbereiten. Zum Entfernen der Härtebildner im Wasser können Sie zum Beispiel eine Umkehrosmoseanlage in Betrieb nehmen, was heute kaum noch Probleme und Kosten bereitet, denn kleine Umkehrosmoseanlagen gibt es schon im Aquaristikhandel für relativ wenig Geld und dann haben Sie die Möglichkeit, täglich mit Hilfe Ihres Leitungswassers, Osmosewasser herzustellen. Bei der Umkehrosmose wird das Wasser durch eine Filtermembran enthärtet. Bei der Umkehrosmose entsteht fast neutrales, destilliertes Wasser und abhängig etwa im Verhältnis 1:3 Abfallwasser. Dies bedeutet, daß, wenn vier Liter Leitungswasser in das Umkehrosmosegerät gepreßt werden, auf der anderen Seite ein Liter entsalztes und drei Liter Abfallwasser heraus kommen. Das entsalzte Osmosewasser können Sie jetzt als Basis für Ihr Zuchtwasser verwenden. Allerdings müssen Sie diesem Osmosewasser wieder eine kleine Menge Leitungswasser zusetzen, damit es nicht völlig demineralisiert ist, oder Sie setzten eine geeignete Mineralstoffkombination zu. Auch besteht die Möglichkeit, idealerweise „Rio Negro Plus", ein echtes Schwarzwasserkonzentrat aus Brasilien, welches mit zusätzlichen Mineralstoffen angereichert wurde, dem Wasser zuzusetzen. So wird aus Ihrem „totem" Osmosewasser wieder ein biologisch

Das Diskuszuchtwasser

funktionierendes Wasser, welches geeignet ist, erfolgreich Diskusfische zur Nachzucht zu motivieren. Verwenden Sie also niemals reines Umkehrosmosewasser, sondern verschneiden Sie es immer mit anderem Wasser, oder mit entsprechenden Zusätzen, damit dieses Osmosewasser wieder „lebendig" wird.

Die alte Methode, Leitungswasser zu enthärten, ist der Einsatz von Ionenaustauscherharzen. Bei der Enthärtung oder Entsalzung läuft das Wasser über spezielle Austauscherharze, die das Wasser umbauen. Hierzu gibt es Harze mit Indikatorfärbung, so daß sich feststellen läßt, ob das Harz in seiner Wirkung bereits erschöpft ist. Leider müssen diese Harze immer wieder regeneriert werden, und diese Regeneration ist nicht ganz unproblematisch und sehr arbeitsintensiv. Dies ist vielleicht auch ein Grund, weshalb die Umkehrosmoseanlage diese Enthärtungsanlagen weitgehend ersetzt hat. Wenn Sie sich dennoch für diese Enthärtungsmethode interessieren, müssen Sie einen Fachmann im Aquaristik-Fachgeschäft aufsuchen und sich dort einmal diese Austauscherharze zeigen lassen. Mit Harzen kann teilentsalzt, aber auch vollentsalzt werden, wobei bei der Vollentsalzung das Wasser zuerst über einen stark sauren Kationenaustauscher läuft, der mit Wasserstoffionen beladen ist. Dort werden dann sämtliche Kationen gegen Wasserstoffionen ausgetauscht. Anschließend läuft das Wasser durch einen stark basischen Anionenaustauscher und so bekommen Sie ein nahezu völlig entsalztes Aus-

Diskusjungfische können ab einem Alter von drei bis vier Wochen an Leitungswasser gewöhnt werden. Regelmäßige Teilwasserwechsel sind wichtig für die Nitratreduzierung und besseren Wuchs der Jungfische.

Das Diskuszuchtwasser

Während der ersten Tage nach dem Schlüpfen der Jungfische, dürfen die Wasserwerte im Zuchtaquarien kaum beeinflußt und verändert werden, da dies sonst den Larven Schaden zufügen würde.

gangswasser. Doch auch dieses vollentsalzte Wasser ist nicht gerade als lebensideal anzusehen und auch hier muß wieder ein spezielles Zuchtwasser zusammengemischt werden.

Diskuszuchtwasser, welches weich gemacht wurde, besitzt einen instabilen pH-Wert und es kann zu plötzlichen pH-Wertschwankungen kommen, die den Fischen Probleme bereiten. In der Natur stehen riesige Wassermengen zur Verfügung und so kommt es kaum zu pH-Wertschwankungen. Im Aquarium, mit wenigen hundert Litern Wasser, ist logischerweise die Gefahr der pH-Wertabsenkung dramatisch hoch.

Ein ideales Diskuszuchtwasser wäre ein Wasser mit einem elektrischen Leitwert unter 100 µS/cm und einem pH-Wert von 5,5 bis maximal 6,5. Der Leitwert wird am einfachsten mit Hilfe eines Leitwert-Meßgeräts festgestellt und Sie werden kaum darumherumkommen, sich ein solches Leitwertmeßgerät zu kaufen. Sehr einfach können Sie die elektrische Leitfähigkeit Ihres Wassers mit diesem Gerät messen und je geringer der Leitwert ist, desto besser ist Ihr Zuchtwasser. Je geringer der Leit-

wert ist, desto instabiler ist aber auch der pH-Wert und deshalb neigen Diskuszüchter dazu, die Jungfische möglichst in Leitungswasser aufzuziehen, da dieses wesentlich härter ist und somit der pH-Wert keine großen Probleme bereitet. Für die Zucht ist es aber so, daß der Leitwert idealerweise unter 100 µS/cm pro Zentimetern liegen muß.

Aggressions- und Kampfverhalten

Diskusfische sind in der Regel sehr friedliche Zierfische und nur selten kommt es im Aquarium zu einer ernsthaften Aggression gegenüber Mitbewohnern. Gegenüber anderen Diskusfischen kommt es bei der Gruppenhaltung vereinzelt zu einer Art Kampfverhalten, wobei hier die Rangfolge innerhalb der Gruppe festgelegt wird. Das Aggressionsverhalten spielt auch bei der Fortpflanzung eine Rolle und die Paare zeigen gegeneinander eine gewisse Art von Kampfverhalten, wobei es jedoch meist nicht zu ernsthaften Verletzungen kommt. Gegenüber Mitbewohnern wird bei der Zucht ein Revier abgesteckt und dieses auch ernsthaft verteidigt. Reviere sind für die möglichst störungsarme Aufzucht der Jungfische notwendig. Die Verhaltenselemente der Aggression stimmen beim Diskusfisch mit jenen der Balz weitgehend überein. Das Flossenspreizen oder das Wedeln mit den Flossen eines Diskusmännchens kann dazu führen, daß ein anderes Männchen vertrieben wird, während gleichzeitig aber ein Weibchen angelockt werden soll. Bei diesen Aggressionsmustern wird sich ein anderes Männchen entweder verteidigen oder fliehen. Während sich ein Weibchen eher zum ablaichen motivieren läßt. Das Männchen wird bei der Balz Beschwichtigungsmuster zeigen, und das Weibchen wird mit einem Demutsverhalten reagieren und somit bald im Revier des Männchens geduldet werden. Das Weibchen, welches in ein Laichrevier eines Männchens aufgenommen wurde, wird dieses Revier gegen alle anderen möglichen Konkurrentinnen aggressiv verteidigen. Das Männ-

Werden Diskusfische in großen Schwärmen gehalten, entwickelt sich kaum ein Aggressionsverhalten. Dies kann auch bei anderen Fischarten so beobachtet werden.

Aggressions- und Kampfverhalten

Diskusfische, die sich wohlfühlen und auch ihr Revier beherrschen, zeigen ihre ganze, schöne Beflossung, so daß ein möglicher Gegner durch die so erzeugte Körpergröße beeindruckt wird. Auch beim Paarungsverhalten werden die Flossen so weit wie möglich gespreizt.

chen erkennt durch das Beschwichtigungsverhalten des Weibchen dieses als Geschlechtspartnerin an und beginnt es weiter zu umwerben. Bei diesem Werben werden die Flossen abgespreizt und die schönsten Farben gezeigt. Das Männchen umschwimmt das Weibchen und beginnt auch das spätere Laichsubstrat zu putzen.

Die Balz dient der Stimulation der Geschlechtspartner und es kommt zu gewissen hormonellen Wirkungen in den Körpern der Diskusfische, was darin resultiert, daß diese später Geschlechtsprodukte abgeben können.

Ein wichtiges Balzelement beim Ablaichen ist das gemeinsame Putzen des Laichsubstrates. Nach dem Putzen des Laichsubstrats kommt es zu sogenannten Scheinpaarungen, wobei noch keine Eier oder Samen abgesetzt werden. Erst wenn wirklich Eier abgelaicht und später befruchtet werden, handelt es sich um eine echte Paarung. Die Spermien der Diskusmännchen

Aggressions- und Kampfverhalten

sind für uns Aquarianer nicht sichtbar und nur mit komplizierten Methoden könnte nachgewiesen werden, daß es zu einem Spermienausstoß kam. Die Scheinpaarungen und die Paarungsmuster dienen dazu, die beiden aufeinander Partner aufeinander einzustimmen und das spätere Ablaichen vorzubereiten. Sowohl Eier als auch Larven werden bei Diskusfischen von beiden Eltern aufmerksam beschützt, jedoch kann es hier sehr große Abweichungen geben und es gibt bei Diskusfischen immer wieder Probleme, die sich dadurch bemerkbar machen, daß einer der Eltern sich nicht um die Eier der Larven kümmert. Normalerweise ist es bei Buntbarschen genetisch festgelegt, welches Elterntier sich um den Nachwuchs kümmert, aber beim Diskus handelt es sich um eine Elternfamilie, denn beide Elternteile sollten sich gleich gut um die Aufzucht der Larven bemühen. In der Natur werden diese Elternfamilien oft nur für eine Fortpflanzungsperiode gebildet, wobei in der Aquarienhaltung jedoch festgestellt werden muß, daß es sich bei Diskusfischen um eine Form der Ehe auf Lebenszeit handeln kann. Es erweist sich deshalb auch oft als schwierig, Diskusfische, die bereits mit anderen Partnern abgelaicht haben, zu vergesellschaften.

Es kommt dann zu einer Ablaichverweigerung und diese kann dazu führen, daß dieser Fisch nicht mehr ablaicht.

Bei der Pflege von Diskusfischen kann ein gewisses Aggressionsverhalten bemerkt werden, das jedoch sehr stark davon abhängig ist, wieviele Diskusfische in einem Aquarium zusammen gehalten werden. Da für einen Aquarianer die Aggression seiner Diskusfische ein eher unerwünschtes Verhalten ist, kann nur der Ratschlag erteilt werden, Diskusfische in möglichst großen Gruppen zusammen zu pflegen. Je mehr Fische in einem Aquarium schwimmen, desto weniger Aggression entsteht. Dies bemerken wir auch bei den sehr aggressiven Malawi- oder Tanganjikaseecichliden, bei denen ähnliche Empfehlungen gegeben werden. Selbstverständlich dürfen die Aquarien aber auch nicht übersetzt werden. Einerseits sind Diskusfische zu einem bestimmten Zeitpunkt friedfertig und zu einer späteren Zeit sind sie möglicherweise sehr aggressiv. Dies kann zum Beispiel in der Verteidigung eines Reviers oder bei der Nahrungsaufnahme beobachtet werden. Diskusfische die Junge führen, wachsen in ihrem Aggressionsverhalten über sich hinaus und verteidigen die Jungen aufopfernd. Selbst optisch viel stärker

Aggressions- und Kampfverhalten

Kommt es bei der Aufzucht der Larven zu Aggressionen, können die Paare durch grobe Gitter getrennt werden.

überlegene Mitbewohner werden rücksichtslos angegriffen und vertrieben. Ein heftiges Flossen- und Hinterkörperschlagen wird dem vermeintlichen Gegner entgegengebracht und regelrechte Wasserschwälle werden auf ihn zugewedelt. Achten Sie einmal darauf, wie schnell ihre Diskusfische beim Angriff die Brustflosse bewegen. Auch das Mau-

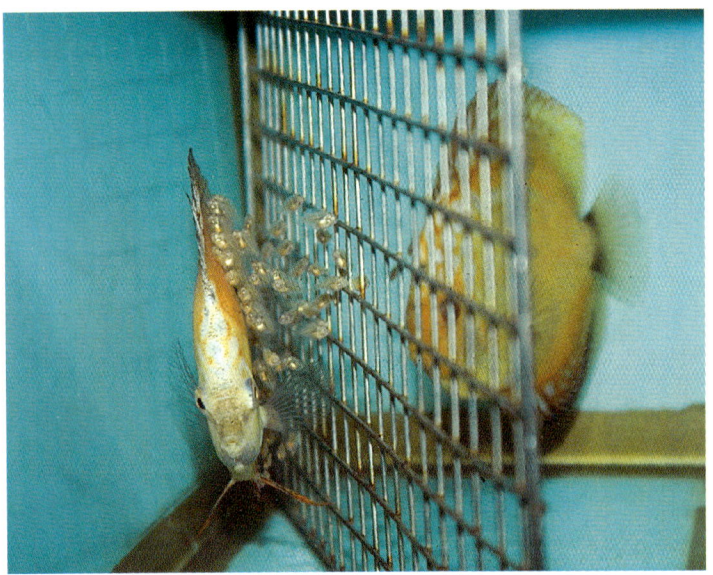

laufreißen gehört natürlich zu einem Imponiergehabe und manchmal wird auch zugebissen oder dem Gegner ein kräftiger Rammstoß in die Flanke versetzt. Zusätzlich geben die Diskusfische auch Duftstoffe in das Wasser ab, die als sogenannte Pheromone bekannt sind. Pheromone können der Findung oder Meidung von möglichen Partnern oder potentiellen Gegner dienen. Die Pheromone werden vor allem für die langfristig andauernde Kommunikation unter Fischen benutzt. Mit ihnen lassen sich auch große Distanzen im Wasser überwinden. Beim Ablaichen werden ebenfalls Duftstoffe freigesetzt, die in Gemeinschaftszuchtanlagen andere Diskuspaare zum Laichen anregen können.

Wie bei den meisten Cichliden ist es auch beim Diskus so, daß nach mehreren Kämpfen schnell festgelegt wurde, welcher Fisch der überlegene und welcher der unterlegene ist. Die Rangordnung bildet sich immer wieder neu heraus und wird der stärkste Fisch aus dem Aquarium entfernt, rückt sofort ein anderer nach. Durch diese Rangordnung werden unnötige Kämpfe vermieden, denn die herausgebildete Rangordnung ist relativ stabil. Wenn der Aquarianer jetzt diese Rangordnung stört, kann dies katastrophale Folgen haben, denn dann kommt es erneut zu heftigen Kämpfen unter den verbleibenden

Aggressions- und Kampfverhalten

*Ein Diskusfisch mit Eiern oder einer Jungbrut wird diese immer gegen Eindringlinge - und sei es nur die Hand des Pflegers - verteidigen. Dieses Kampfverhalten gegenüber möglichen Freßfeinden ist absolut normal.
Foto: Nemec*

Fischen. Auch das Verändern von Einrichtungsgegenständen sorgt für Unordnung und führt zu Reibereien, da sich die Reviergrenzen verschieben. Es ist also wichtig, möglichst wenig in ein intaktes Aquarium einzugreifen. Wird ein Diskuspaar aus einem Aquarium entfernt, um in ein Aufzuchtaquarium zum Ablaichen zu kommen, dann kann dieses Pärchen später nur schwer in das Aquarium zurückgesetzt werden, denn die Rangordnung wurde ja neu festgelegt. Es käme beim Zurücksetzen des Diskuspaares wieder zu Streitereien. Das Herausfangen von Fischen ist also immer ein gewisses Risiko und sorgt für Unruhe.

Grundsätzlich gilt die Faustregel, daß je mehr Diskus gepflegt werden, die Rangordnung um so stabiler ist und entsprechend weniger Verletzungen bei den Fischen vorkommen. Allerdings gilt diese Regel natürlich nur im Zusammenhang mit entsprechend großen Aquarien.

Vorbereitung zur Diskuszucht

Sie haben ein Zuchtaquarium vorbereitet, das richtige Diskuswasser angesetzt und auch sonst sind alle Vorbereitungen getroffen, jetzt fehlt nur noch das Diskuspaar. Aus Ihrem selbst aufgezogenen Diskusschwarm haben Sie ein Pärchen zusammengestellt, bzw. hat sich ein Paar gefunden und es wird in das Zuchtaquarium überführt. Durch das Umsetzen in ein neues Aquarium kann die Laichwilligkeit der Fische unterbrochen werden und so müssen Sie sich unter Umständen etwas in Geduld üben. Allerdings muß dies nicht unbedingt der Fall sein und es kann durch das Umsetzen genau das Gegenteil eintreten, nämlich daß die Fische sich durch die neue Umgebung und durch das neue Wasser zum Laichen angeregt fühlen. Die Laichwilligkeit von Diskusfischen kann durch Wasserveränderungen hervorgerufen werden und so wirkt sich zum Beispiel ein Teilwasserwechsel in der Regel günstig auf das Laichverhalten der Fische aus. Durch die Teilwasserwechsel wird das Zuchtwasser kurzfristig so verändert, daß Impulse gegeben werden. Die Fische reagieren auch auf pH-Wertschwankungen und es ist ein Trick unter Diskuszüchtern bei Zuchtpaaren zum Beispiel den pH-Wert etwas abzusenken, um die Laichbereitschaft zu fördern. Das Absenken des pH-Werts darf aber nicht zu drastisch und plötzlich vorgenommen werden. Gehen Sie hier bitte mit Gefühl vor und senken Sie auch den pH-Wert nicht gleich um eine ganze Stufe ab, son-

Hat sich ein Pärchen gefunden, sucht es sich einen Laichplatz und putzt diesen mit dem Maul. Das Weibchen nimmt mehrmals Maß, bevor es mit dem eigentlichen Ablaichen beginnt.

Vorbereitung zur Diskuszucht

Das Gelege wird immer von einem Elterntier bewacht und meist wird auch regelmäßig mit den Brustflossen das Gelege befächelt. Einzelne verdorbene Eier werden oft herausgepickt.

dern versuchen Sie zum Beispiel durch Torf den pH-Wert auf natürliche Weise langsam abzusenken. Dieser Torf oder ein Torfgranulat kann in einen Nylonstrumpf eingebunden und in den Filter geworfen werden. Sie können aber auch ein Torfwasser außerhalb des Aquariums ansetzen und dieses dann beim Teilwasserwechsel verwenden. Es kann dann so aussehen, daß in Ihrem Zuchtaquarium ein pH-Wert von 6,5 eingestellt ist und durch den Teilwasserwechsel der pH-Wert auf 6,2 abgesenkt wird. Diese anscheinend nur geringe pH-Wertänderung reicht schon völlig zur Stimulierung des Zuchtpaars aus. So empfiehlt es sich durchaus, für die Zuchtpaare in einer großen Regentonne oder einem sonstigen Behälter immer eine größere Portion leicht saures und weiches Wasser zur Verfügung zu haben.

Ein Zuchtpaar - das sich gut versteht- wird sich kaum massiv streiten, wird sich im Zuchtaquarium recht wohl fühlen und friedlich nebeneinander schwimmen. Füttern Sie das Zuchtpaar ruhig zwei- bis dreimal täglich mit seinem Lieblingsfutter und warten Sie einfach ab. Irgendwann beginnt das Pärchen mit den typischen Laichvorberei-

Vorbereitung zur Diskuszucht

tungen und dies können Sie dann deutlich sehen. Die beiden Fische beginnen sich füreinander zu interessieren und sich gegenseitig anzubalzen. Sie schwimmen aufeinander zu, verneigen sich und stoßen sich auch schon mal leicht in die Seite. Alles läuft jedoch friedlich und harmonisch ab. Auch äußerlich beginnen sich die Fische zu verändern, denn sie werden langsam dunkler. Man könnte sagen, daß sie zu „rußen" beginnen. Die Laichfärbung ist also durch deutlich dunklere Körperpartien zu erkennen. Besonders im hinteren Körperteil werden die Fische wesentlich dunkler. Diskusfische besitzen neun Senkrechtstreifen und wenn die letzten vier oder fünf Senkrechtstreifen deutlich dunkler werden, dann ist dies meist ein sicheres Zeichen dafür, daß die Fische laichwillig sind. Das Diskuspärchen nimmt den Laichkegel gerne als Laichplatz an und wenn das Paar oder zumindest einer der Fische beginnt, den Laichplatz mit dem Maul zu putzen, dann können Sie sicher sein, daß jetzt etwas im Zuchtaquarium passiert. Das Putzen der Laichunterlage dauert meist mehrere Stunden und manchmal wird aus unerklärlichen Gründen der Putzvorgang wieder unterbrochen und dann herrscht vielleicht für einen oder

> **Tip:** Da der Samen des Diskusmännchens nur wenige Sekunden befruchtungsfähig ist, müssen Sie während des Ablaichens die Filterung abschalten, damit keine unnötige Strömung entsteht. Vergessen Sie jedoch nicht, die Filterung nach dem Laichvorgang wieder anzustellen.

zwei Tage Ruhe im Aquarium und dann geht das Putzen wieder los. Jetzt kommt vielleicht ein Rütteln des Körpers hinzu und somit bemerken Sie ein weiteres deutliches Zeichen für ein beginnendes Ablaichen. Beide Diskus stehen vor dem Laichtopf, putzen diesen und rütteln mit dem Körper.
Normalerweise laichen Diskusfische während der Abendstunden ab. Dies hat damit zu tun, daß bei einer Wassertemperatur von 30 °C die Entwicklung der Diskuseier etwa 55 Stunden dauert. Die bedeutet, daß bei einem Ablaichen in den Abendstunden das Schlüpfen der Larven in den Morgenstunden des dritten Tages geschieht. Somit hätten die Diskuseltern den ganzen Tag zur Verfügung, um die Larven aus den Eiern herauszukauen und umzubetten. Der Vorgang des Herauskauens ist sehr wichtig, denn es wird angenommen, daß hierbei eine Art Keimfreimachung der Larven durch

Vorbereitung zur Diskuszucht

den Kauvorgang im elterlichen Maul geschieht. Die Larven besitzen einen Klebefaden am Kopf und die Alttiere befestigen die Larven nach dem Herauskauen aus den Eiern mit dieser Klebedrüse an einem anderen Substratort. Es kann im Aquarium also so sein, daß die Larven einfach auf die andere Seite des Laichtopfes umgebettet werden. Doch bis es soweit ist, muß das Weibchen erst einmal die Eier ablegen und das Männchen diese sofort befruchten. Das Weibchen beginnt mit dem Ablegen der Eikette, nachdem es mehrmals am Laichtopf Maß genommen hat. Sobald das Weibchen etwa ein bis zwei Dutzend Eier abgelegt hat, schwimmt es zur Seite und macht Platz für das Männchen. Dieses muß jetzt sofort die Eier besamen, denn der nur kurz lebensfähige Samen muß sofort in die Eihülle eindringen und das Ei befruchten. Während des Ablaichvorganges sollte im Aquarium kaum Strömung herrschen und es empfiehlt sich, den Filter zu drosseln oder vielleicht sogar für eine Stunde abzuschalten. Etwa eine Stunde dauert der Ablaichvorgang und am Ende befinden sich 150 bis etwa 300

In südostasiatischen Zuchtfarmen werden die Gelege in der Regel durch Gitter vor den Eltern geschützt. Allerdings wird dieses Verfahren hier schon zur Routine und es ist nicht gesagt, daß die Eltern die Eier überhaupt fressen würden.

Vorbereitung zur Diskuszucht

Eier am Laichtopf. Dies sind Durchschnittswerte, von denen selbstverständlich abgewichen werden kann. Ein durchschnittliches Diskusgelege wird jedoch etwa 200 Eier aufweisen. Während der Eiablage dürfen die Fische nicht gestört werden und es empfiehlt sich in der Praxis zwischen dem Zuchtaquarium und nebenstehenden Aquarien einen Sichtschutz anzubringen. Dies kann so aussehen, daß zwischen die Aquarien ein Stück Karton oder Papier geschoben wird, so daß das ablaichende Paar wirklich seine Ruhe hat.

Sofort nach dem Ablaichen ist die Filterung im Aquarium wieder einzuschalten. Jetzt stehen die beiden Fische im Wechsel vor dem Gelege und befächeln die Eier mit ihren Brustflossen. Durch dieses Befächeln sollen die Eier mit Sauerstoff versorgt werden. Ob während der gesamten Entwicklungszeit der Eier und dem Schlüpfen der Larven ein sogenanntes Nachtlicht über dem Aquarium angebracht werden muß, ist unter den Züchtern umstritten. Probieren Sie es einfach aus, ob es sich bewährt, daß ein schwaches Nachtlicht im Aquarienkeller brennen bleibt. Befindet sich das Nachtlicht über dem Gelege, werden die Fische sicherlich stärker animiert, sich ständig um das Gelege und später um die Larven zu kümmern. Leider gibt es immer wieder Diskusfische, die ihre Eier oder sogar die geschlüpften Larven fressen. Weshalb dies so ist, ist nicht erforscht. Man kann nur Vermutungen anstellen und immer wieder kommt man zu dem Ergebnis, daß irgend etwas mit den Wasserbedingungen nicht gestimmt haben muß. Wahrscheinlich wären die Jungfische nicht lebensfähig gewesen, und deshalb fressen die Eltern einfach die Eier oder die Larven auf. Es wird immer wieder berichtet, daß Diskuspaare mehrere Dutzend Male das Gelege fraßen und dann plötzlich ganz normal die Jungfische großgezogen haben. Überhaupt empfiehlt es sich bei Fehlschlägen bei der Zucht immer wieder an der Wasserzusammensetzung zu arbeiten.

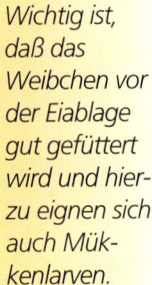

Wichtig ist, daß das Weibchen vor der Eiablage gut gefüttert wird und hierzu eignen sich auch Mückenlarven.

Vorbereitung zur Diskuszucht

Wie bereits gesagt, schlüpfen die Diskuslarven nach etwa 55 Stunden aus dem Ei. Schon gegen Ende des zweiten Tages können Sie in den Eiern deutlich dunkle Punkte beobachten und kurz vor dem Schlüpfen ist auch eine Bewegung in den Eiern zu erkennen. Die Larven schlüpfen zuerst mit dem Schwanz aus dem Ei und es dauert dann nochmals etwa 55 Stunden, bis die Larven schwimmfähig sind. Die Larven hängen mit dem Kopfklebefaden am Laichsubstrat und können sich erst am Abschluß ihrer Entwicklung vom Laichsubstrat entfernen, wenn diese Klebedrüsen ihre Arbeit einstellen. Jetzt beginnen sie immer häufiger vom Laichsubstrat wegzuschwimmen. Die beiden Elterntiere sammeln sie jedoch unermüdlich mit dem Maul wieder auf, kauen sie etwas durch und spucken sie dann auf das Laichsubstrat in den Schwarm ihrer Geschwister zurück. Werden Sie jetzt nicht unruhig, denn das ist völlig normal und die Eltern fressen ihre Larven nicht, sondern sie spucken sie eigentlich zuverlässig wieder aus. Ähnliche Verhaltensweisen sind auch von anderen Cichliden bekannt geworden.

Da die Diskuseltern jetzt sehr viel mit den Larven und auch zuvor mit dem Bewachen der Eier zu tun hatten, legen sie keinen großen Wert auf eine reichliche Fütterung. Es würde völlig ausreichen, wenn Sie den Elterntieren einmal täglich ein Lieblingsfutter anbieten. Allerdings sollten Sie darauf verzichten, Lebendfutter zu verfüttern, denn dies könnte zu Irritationen führen.

Auch in einem Aquarium mit Kies und einigen Pflanzen lassen sich Diskusfische erfolgreich nachzüchten. Foto: K. Mielau

Vorbereitung zur Diskuszucht

*Die Diskuseltern bewachen abwechselnd ihr Gelege und natürlich auch später die Larven. Während dieser Zeit nehmen sie nur sehr wenig Nahrung zu sich und deshalb sollten Sie Ihre pflegenden Diskusfische auch nur einmal täglich füttern.
Foto: R. Steinbach*

Ein gutes Zuchtpaar wechselt sich übrigens bei der Bewachung der Eier und der Larven immer wieder ab und nur eines der Tiere wird auf Nahrungssuche gehen, während das andere bei dem Gelege bleibt. Von der Eiablage bis zum schwimmfähigen Jungfisch vergehen etwa sechs Tage und am sechsten Tag ist es den Eltern dann auch nicht mehr möglich zu verhindern, daß alle Larven das Laichsubstrat verlassen und umherschwimmen.

Dies ist ein ganz wichtiger Zeitpunkt, denn jetzt müssen die Jungfische ihre Eltern anschwimmen, um dort auf dem Körper der Elterntiere die wichtigen Nährzellen zu fressen. Die Eltern haben während der letzten Tage eine immer dunklere Färbung angenommen und meist ist auch eine Art Hautschleim zu sehen. Dieses Dunkelfärben und die Bildung des Hautschleimes ist völlig normal und hat nichts mit einer Krankheit zu tun.

Hoffentlich klappt es, daß die Jungfische ihre Eltern anschwimmen können, denn dann ist ein großer Schritt in Richtung erfolgreicher Diskuszucht gelungen. Die Elterntiere geben ihren Larven ständig Zeichen mit dem Körper und zucken, um diese auf sie aufmerk-

Vorbereitung zur Diskuszucht

sam zu machen. Schwimmen die Larven die Alttiere korrekt an und konnten diese auch genügend Nährzellen auf der Haut bilden, dann beginnen die Larven sofort mit dem Abweiden der Haut. Die Jungfische ernähren sich regelrecht vom Hautschleim der Eltern. Unter den Aquarienfischen ist diese Form der Elternbindung sehr selten und wenn es Ihnen gelingt, die Jungfische erst einmal dazu zu bringen, daß sie am Körper ihrer Eltern fressen, dann kann die

Der Schwarm Jungfische ist immer am Körper eines Elterntiers am fressen.

> **Tip:** Manchmal werden Diskuslarven beim Anschwimmen der Elterntiere durch dunkle Gegenstände irritiert und sie schwimmen dann anstelle der Eltern z.B. die Filterschwämme an. Im Zweifelsfall sollten Sie solche Filterschwämme oder ähnliche dunkle Gegenstände aus dem Aquarium entfernen.

Zucht schon fast als gelungen betrachtet werden. Allerdings kommt es beim Anschwimmen der Eltern immer wieder zu Störungen, die unerklärlich zu sein scheinen. Auch hier kann eine ungünstige Wasserzusammensetzung Schuld sein. Die Larven finden dann nicht zum Körper der Eltern und schwimmen verirrt im Aquarium umher. Diese kleinen Fische haben keine Chance, die nächsten Stunden zu überleben, denn ihnen fehlt jetzt die wichtige Nahrung. Übrigens ist dieses Umherirren im Aquarium in Südostasien kaum anzutreffen, was Rückschlüsse auf die Wasserzusammensetzung zuläßt. Manchmal ist es geradezu zum Verzweifeln, wenn der Züchter hunderte von Larven, die freischwimmen, absterben sieht. Manchmal kommt es auch zu einer Störung bei der Bildung der Nährzellen auf dem Körper der Eltern und diese bilden zuwenig oder keinen Nährschleim aus. Dann bleibt nur die Hoffnung auf eine mögliche Ammenzucht und das Glück, daß gerade ein anderes Diskuspaar etwa gleich alte Larven besitzt. Sie könnten diese Larven absaugen und dem

Vorbereitung zur Diskuszucht

Bei der Pflege der Jungfische wechselt sich ein gutes Paar immer wieder ab.

anderen Zuchtpaar unterschieben. Normalerweise klappt dies reibungslos und das zweite Pärchen nimmt die Jungbrut des ersten Pärchens ohne Probleme an.

Bei Diskusfischen der asiatischen Zuchtform „Pigeon Blood" kommt es sehr häufig vor, daß diese kein Hautsekret bilden können. Dann empfiehlt es sich, ein Pigeon Blood Tier immer mit einem „normalen" Diskus zu verpaaren, denn so besitzt wenigstens der eine Fisch genügend Hautsekret, um die Jungfische während der ersten Tage zu ernähren. Bei reinen Pigeon-Blood-Paaren ist es oft unumgänglich, die Ammenzucht einzuplanen, um zum Erfolg zu kommen.

Fressen die kleinen Diskuswinzlinge erst einmal für einige Tage das Hautsekret vom Körper ihrer Eltern, dann wäre es möglich, sie bereits nach einer Woche von den Eltern zu trennen und mit Feinstfutter wie zum Beispiel lebenden frischgeschlüpften *Artemia*-Nauplien aufzuziehen. Ob es jedoch ratsam ist,

die Jungfisch so früh von den Eltern zu trennen, sei dahingestellt. Manche Züchter schwören auf diese Methode, denn sie glauben, daß die Jungfische dann keine Krankheiten

von den Eltern übernehmen können. Andere Profizüchter, besonders in Südostasien, tun dies ebenfalls sehr gern, denn sie haben dann

Tip: Futterreste dürfen keinesfalls zu lange im Aquarium liegen bleiben, da es sehr schnell zum Verderb kommt. Saugen Sie deshalb mindestens täglich die Futterreste gewissenhaft ab. Das Wasser zum Auffüllen muß zunächst ähnliche Wasserwerte wie das Aquarienwasser aufweisen.

Vorbereitung zur Diskuszucht

die Möglichkeit, schnell wieder die Alttiere zum Ablaichen zu bewegen und wirtschaftliche Erfolge aus dieser schnellen Diskuszucht zu ziehen. Normalerweise können die Jungfische aber vier bis sechs Wochen bei ihren Eltern bleiben. Die kleinen haben dann eine Größe eines Mark- oder Zweimarkstücks so großer Zahl vorhanden sind, daß sie die Elterntiere regelrecht anfressen, beim Abweiden des Hautsekretes, ist es vielleicht besser, die Jungfische schon etwas früher aus dem Aquarium zu entfernen. Auf jeden Fall müssen die Jungfische ab dem fünften Tag zusätzlich gefüttert werden. Als Erstfutter empfiehlt

Damit die Jungfische nicht in den Filter gezogen werden, wurde hier der Ansaugstutzen mit einem feinen Netz geschützt. So manche Diskusbrut ist schon im Filter verschwunden. Foto: M. Dirschbacher

erreicht und jetzt ist sicherlich die Zeit gekommen, sie in ein spezielles Aufzuchtaquarium umziehen zu lassen. Auch wenn die Jungfische in sich die Verwendung von frischgeschlüpften *Artemia*-Krebschen, die aus im Fachhandel erhältlichen Dauereiern zum Schlupf angesetzt

Vorbereitung zur Diskuszucht

Mit zunehmender Größe der Jungfische entfernen sich diese etwas weiter von den Eltern, um Futter zu suchen. Bei Gefahr kehren sie schnell zu den Eltern zurück.

werden können. In Salzwasser geworfen und mit einem Luftsprudelstein umhergewirbelt, schlüpfen die kleinen Krebschen in speziellen Artemia-Flaschen bei 26 °C bereits nach 24 Stunden aus ihrer Eihülle. Jetzt können sie abgefiltert und an die Jungfische verfüttert werden. Günstig ist es, wenn Sie die im Salzwasser aufgezogenen *Artemia*-Krebschen vor dem Verfüttern in Süßwasser kräftig abspülen. Keinesfalls sollten den Diskusfischen die Schalen der *Artemia*-Eier versehentlich angeboten werden, denn es kann zu Darmverstimmungen, ja sogar zu Todesfällen bei den Diskusjungen führen.

Während der ersten Lebenstage bleiben die aktiv schwimmenden kleinen Diskus immer in der Nähe ihrer Eltern. Kaum einen Zentimeter bewegen sie sich vom Körper weg. Die Alttiere geben durch Zucken immer wieder Signale an die Jungen ab. Das Zusatzfutter, wie die kleinen *Artemia*-Krebschen, kann mit Hilfe eines dünnen Schlauchs und einer Spritzenkanüle in die Nähe der Jungfische geblasen werden. Sind erst einmal acht bis zehn Tage vergangen, dann fressen die kleinen Diskusfische auch andere Feinstfuttersorten und sie entfernen sich dann auch schon etwas weiter von den Eltern. Unaufhörlich suchen sie Nahrung im Aquarium. Ein sehr gutes Zusatzfutter ist der kleine exotische Wasserfloh, *Moina striata*. Obwohl sich die Jungfische immer noch vom Hautsekret der Eltern ernähren, müssen sie bei ihrem schnellen Wachstum natürlich mit allerlei Zusatzfutter versorgt werden. Fünf bis acht zusätzliche kleine Futterportionen sind schon erforderlich, um nach etwa zwei Wochen kleine Diskusfische mit typischer Diskusform im

Vorbereitung zur Diskuszucht

Aquarium zu sehen. Jetzt können Sie schon industriell gefertigtes Futter, wie Tablettenfutter oder fein zerriebenes Flockenfutter oder zerriebenes Granulatfutter, als Beifutter einsetzen. Überhaupt ist es wichtig, den kleinen Diskusfischen eine Vielzahl verschiedenster Futtersorten anzubieten, damit sich diese an die Futtersorten gewöhnen und später als große Diskusfische keine Probleme bei der Futterauswahl machen. Außerdem gewährleistet diese Futtervielfalt, daß das Jungdiskus alle zum guten Wachstum notwendigen Nährstoffe, Mineralstoffe und Vitamine erhalten.

Ganz wichtig ist es bei der starken Zusatzfütterung täglich mindestens einmal die Futterreste aus dem Aquarium zu entfernen. Sie mussen alle Futterreste gewissenhaft absaugen und dann das Aquarium mit einem ähnlichen Wasser wieder auffüllen. Das frische Wasser für den Teilwasserwechsel, nach dem Absaugen der Futterreste, muß fast identische Werte zum Aquariumwasser aufweisen. Es ist also günstig, wenn Sie sich in einem separaten Aquarium oder einer Kunststofftonne ein passendes Wasser zum wechseln aufbereiten.

Sind Ihre Diskusjungfische etwa vier Wochen alt und haben die Größe eines Markstücks erreicht, dann wird es Zeit für sie, in ein Aufzuchtaquarium umzuziehen. Die Größe des Aufzuchtaquariums muß von der Anzahl und Größe der Jungfische abhängig sein. Da die ersten acht Lebenswochen der Diskusfische überaus wichtig für ihre spätere Qualität sind, ist es unabdingbar, darauf zu achten, daß die Jungfische nicht erkranken. Häufigste Krankheitsursache ist eine ungenügende Wasserpflege. Versäumen Sie es nicht, täglich mit dem Absaugen der Futterreste einen Teilwasserwechsel von mindestens zehn, besser jedoch 20 % vorzunehmen. Durch diese täglichen Teilwasserwechsel beugen Sie Krankheiten vor. Auch wachsen Ihre Diskusfische viel besser, wenn sie immer wieder Frischwasser geboten bekommen. Durch den hohen Futterumsatz wird das Wasser im Aquarium immer stark belastet werden und selbst der beste Filter kann hier nur ungenügend Abhilfe schaffen. Der Teilwasserwechsel ist also ein wesentlicher Schlüssel zum Erfolg.

Erfolgreiche Aufzucht

Die Aufzucht von Diskusjungfischen ist viel schwieriger, als allgemein angenommen wird. Gerade bei der Aufzucht von Jungfischen werden immer wieder Fehler gemacht, die sich in der Qualität der späteren Diskusfische niederschlagen. Wenn es Ihnen gelungen ist, einen Wurf Diskusfische durchzubringen, diese jetzt etwa drei bis vier Wochen alt sind und von den Eltern entfernt werden können, dann beginnt die eigentliche schwierige Zeit der Aufzucht. Im Alter von acht bis zehn Wochen können solche Diskusfische zum Kauf angeboten werden, denn dann haben sie eine Körpergröße von etwa vier bis fünf Zentimetern erreicht. Doch meist kommt es bei der Aufzucht zu Schwierigkeiten, die sich dahingehend äußern, daß die Jungfische ungleichmäßig wachsen und deutliche Wachstumsstörungen zeigen. Diese Schäden zeigen sich vor allem in verhältnismäßig großen Augen. Das Auge erscheint unnatürlich groß, gemessen an der Gesamtkörpergröße. Solche Wachstumsschäden lassen sich auch später durch ausgezeichnete Pflege nicht mehr vollständig ausgleichen.

Die Diskuszucht und die Diskusaufzucht sind also zwei ganz verschiedene Dinge und Sie sollten die zu erwartenden Schwierigkeiten bei der Aufzucht nicht unterschätzen. Wenn Sie gar die Ambitionen haben, die Jungfische bis zur Geschlechtsreife großzuziehen, dann bedeutet dies ja eine Pflege von etwa zwölf Monaten.

Zu Gesunderhaltung von Diskusfischen ist der regelmäßige Teilwasserwechsel wichtig. Unbedingt ist auch die Höhe des Nitratwerts zu bestimmen, denn der Nitratgehalt

Für die Aufzucht der Jungfische sollten diese in entsprechend große Aquarien gesetzt werden, deren Größe mit der zunehmenden Fischgröße geändert wird.

Erfolgreiche Aufzucht

> **Tip:** Wenn Sie sich ein Umkehrosmosegerät beschaffen, dann muß die tägliche Leistung mindestens 10 % ihrer Gesamtwassermenge aller Aquarien entsprechen.

Der Nitratgehalt spielt für die Aufzucht eine bedeutende Rolle und er sollte nicht über 50 mg/l liegen. Eine Nitratabsenkung kann erfolgreich durch einen Wasserwechsel erzielt werden.

darf keinesfalls über 50 mg/l ansteigen. Der starke Anstieg des Nitratgehalts wird immer wieder durch eine übermäßige Fütterung hervorgerufen. Durch den enormen Grundumsatz bei einer intensiven Fütterung steigt der Nitratwert im Wasser konstant an. Diese hohen Nitratwerte können Sie nur durch Teilwasserwechsel sinnvoll absenken, wobei es wichtig ist, daß Ihr Ausgangswasser weitgehend nitratfrei ist. Leider haben wir heute das Problem, daß beim Leitungswasser oft schon der Ausgangswert des Nitrates um etliches zu hoch ist, und obwohl die Deutsche Leitungswasserverordnung einen Höchstwert von 50 mg/l vorsieht, muß damit gerechnet werden, daß das Leitungswasser schon entsprechend hoch nitratbelastet ist. Ist dies der Fall, so können Sie den Nitratgehalt entweder durch Nitrataustauscherharze oder durch Umkehrosmose reduzieren. Der Nachteil der Nitrataustauscherharze ist der, daß im Austausch zu den Nitratwerten hohe Salzgehalte in das Wasser gebracht werden. Bei der Aufzucht sind diese Salzkonzentrationen nicht unbedingt das größte Problem, jedoch ist später eine erfolgreiche Zucht durch diese hohen Salzkonzentrationen nicht mehr möglich. Die andere Möglichkeit der Nitratreduzierung durch Umkehrosmosegeräte ist wesent-

Erfolgreiche Aufzucht

Für die erfolgreiche Aufzucht ist es wichtig, die Jungfische mehrmals täglich zu füttern.

lich einfacher, aber durch die Neuanschaffung eines Umkehrosmosegeräts auch etwas kostspieliger. Das Umkehrosmosegerät muß zu Ihrer Anlage passen, denn es nützt Ihnen nichts, wenn Sie mehrere tausend Liter Diskuswasser im Keller haben, aber eine Umkehrosmoseanlage mit einer Tagesleistung von 30 Litern kaufen. 10 % Ihrer Gesamtwassermenge, sollte die Umkehrosmose schon täglich leisten können. Bei der Umkehrosmose kann in der Regel mit dem Leitungswasserdruck gearbeitet werden und Sie erhalten etwa im Verhältnis 1:2 oder 1:3 gutes Osmosewasser.

Die hohe Abwassermenge von zwei bis drei Anteilen stört viele Betreiber einer Umkehrosmoseanlage anfangs sehr. Doch Sie müssen bedenken, daß Sie dieses sogenannte Abfallwasser selbstverständlich noch ohne Probleme verwenden können, denn es entspricht ja immer noch der Trinkwasserverordnung und somit ist es im Haushalt ganz normal zu verwenden. Auch eine Verwendung im Garten ist selbstverständlich unproblematisch. Die Umkehrosmose ist eine moderne Wasseraufbereitung in der Aquaristik und heute nicht mehr wegzudenken. Durch Umkehrosmosewasser besitzen Sie jetzt ein Ausgangswasser mit sehr geringen elektrischen Leitwert und fast ohne Schadstoffe. Dieses Wasser ist sowohl zum Teilwasserwechsel, als auch für die Diskuszucht gut zu verwenden. Wenn Sie Diskusfische züchten wollen, dann empfiehlt es sich jedoch nicht, 100 % Osmosewasser zu verwenden, sondern dieses Umkehrosmosewasser mit etwas Leitungswasser wieder zu verschneiden, denn es handelt sich beim Osmosewasser ja fast um destilliertes, also biologisch „totes" Wasser. Im Fachhandel gibt es spezielle Wasserzusätze für Umkehrosmosewasser, die diesem die wichtigsten Nährstoffe wieder zufügen. Eine sehr gute Kombination bei der Diskuszucht ist die Verwendung von Umkehrosmosewasser, mit einem Zusatz von „Rio Negro Plus", einem Schwarzwasserkonzentrat, welches die wichtigsten Spurenelementen für die Diskuszucht enthält.

Junge Diskusfische müssen täglich mehrmals gefüttert werden und

Erfolgreiche Aufzucht

entsprechend hoch ist ihr Stoffwechselumsatz. Das Wasser im Aquarium wird durch diese Abbauprodukte des Körpers überdurchschnittlich belastet und somit empfiehlt es sich wirklich bei der Aufzucht von Jungfischen täglich einen Teilwasserwechsel zu machen, der mit dem Absaugen der Futterreste einhergeht. Keinesfalls sollen Futterreste für längere Zeit im Aquarium verbleiben. Für die Aufzucht kann das Aquarienwasser ruhig etwas härter sein als zur Zucht und diese Wasserhärte hat den Vorteil, daß das Wasser unproblematischer reagiert in seinen pH-Wertschwankungen. Hartes oder härteres Wasser neigt nie zu einem plötzlichen pH-Wertanstieg oder -abfall.

Die gute Wasserqualität muß bei der Aufzucht von Diskusfischen immer im Vordergrund stehen, denn dann wachsen die Jungfische bei guter und ausreichender Fütterung sehr rasch.

Eigenschaften der Diskusfische, wie Farbe, Geschlecht oder Größe sind genetisch vorgegeben. Jedoch werden manche Faktoren, wie das gleichmäßige Wachstum und die spätere Färbung, auch von der Nahrungszusammensetzung stark beeinflußt. Es erscheint doch logisch, daß Nährstoffe mit sehr hohem Farbanteil wie Carotin auch dazu führen müssen, daß die Diskusfische eine intensivere Farbe bekommen. Daß die Nahrungszusammensetzung auch einen sehr großen Einfluß auf das Wachstum haben muß, ist doch nachvollziehbar und wenn es bei einseitiger Fütterung zu Körperschäden kommen muß, ist dies wohl klar. Es empfiehlt sich aus diesem Grunde, Diskusjungfische abwechslungsreich und gehaltvoll zu füttern. Ganz wichtig ist die Versorgung mit Vitaminen und entsprechenden Mineralstoffen. In der Natur ernähren sich Diskusfische auch von Süßwassergarnelen, die im Amazonasgebiet in großen Mengen vorkommen. Auch

> **Tip:** Diskusfische benötigen auch pflanzliches Futtermaterial. Für kleine Jungfische ist es deshalb günstig, wenn die frischgeschlüpften *Artemia*-Krebschen einmal mit *Artemia*-Aufzuchtfutter gefüttert wurden. Das Verdauungssystem der kleinen Krebschen ist dann bereits in Gang und dadurch werden diese Kleinkrebse für die Jungfische wesentlich wertvoller.

Insektenlarven, Algen aber auch Fruchtsamen spielen eine große Rolle auf der Speisekarte. Die Garnelen, die Diskusfische fressen, enthalten zum Beispiel viele Algen und

Erfolgreiche Aufzucht

Im oberen Bild sind zwei Sorten Roter Mückenlarven zu sehen. Links die etwas kleineren, normalen Mückenlarven und rechts die ausgesuchten, großwüchsigen „Euro-Super-Mückenlarven".

Die unten zu sehenden Tubifex-Würmer sind für Diskusfische ein ungeeignetes Futter.

somit spezielles pflanzliches Futtermaterial, was beweist, daß Diskusfische unbedingt auch eine Pflanzenkost benötigen. Es ist falsch, Diskusjungfische ausschließlich mit einer fleischlichen Kost wie zum Beispiel Rinderherz aufzuziehen. Selbst wenn hier 5 bis 10 %

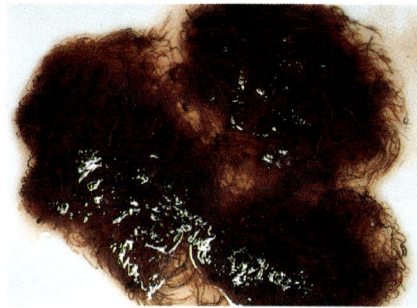

Spinat zugegeben werden, ist dies nicht ausreichend. Diese Art der Ernährung kann nicht als ausgewogenen bezeichnet werden. Alle führenden Futterhersteller bieten heute ein spezielles Diskusfutter an, das allerdings auch nicht als Alleinfutter angesehen werden darf, aber ein sehr wichtiges Basisfutter darstellt. Auch die Bedeutung der Carotinoide im Futter haben die Hersteller von Fischfutter inzwischen erkannt und sie reichern deshalb ihre Fertigfutter teilweise mit solchen wichtigen Stoffen an.

Wie oft kleine Diskusfische gefüttert werden müssen, ist natürlich nicht verbindlich zu sagen, jedoch sollten täglich mindestens fünf bis acht Fütterungen auf dem Speiseplan stehen, wenn sich die Jungfische im Alter von vier bis zwölf Wochen befinden. Durch das große Angebot an Fertigfutter ist es doch ohne weiteres möglich, eine zweite Person im Haushalt mit der Fütterung der Jungfische zu beauftragen, so daß auch bei Berufstätigen während der gesamten Tageszeit eine durchgängige Fütterung möglich ist. Erhalten Diskusfische zu viele Nahrungsstoffe, bauen sie vermehrt Glykogen (ein Stärkeprodukt in der Leber) und Depotfett in den Geweben auf. Diese erhöhte Nahrungsaufnahme und die Speicherung von Fetten kann zu einer Fettleber führen, was spätestens bei der Fortpflanzung zu negativen Auswirkungen führt. Werden Diskusfische mit einer künstlichen Ersatznahrung gefüttert, was ja in der Regel

Erfolgreiche Aufzucht

Ein neuartiges Frostfutter mit dem Farbstoff Astaxanthin ist „DiskusColor", welches es in 200g-Blistern im gut sortierten Fachhandel gibt.

immer der Fall ist, dann kann es bei unausgewogener Nahrung zu einer Unterversorgung mit Vitaminen und Mineralstoffen kommen. Auch die sogenannten Aminosäuren (Grundbausteine der Eiweißarten) sind für den Körperaufbau der Diskusfische lebensnotwendig. Diese Aminosäuren können aber teilweise vom Fischkörper nicht selbst aufgebaut werden und müssen deshalb mit der Nahrung zugeführt werden. Fisch- und Garnelenfleisch enthält sehr viele Aminosäuren und dies erklärt durchaus, daß die Diskus in der Natur sehr viele Süßwassergarnelen als Nahrung zur Verfügung haben, und deshalb diese Stoffe nie selbst bilden mußten. Die Zufuhr von Fettstoffen in der Nahrung sollte bei Fischen nicht im Vordergrund stehen, denn Fett ist ungünstig in der Verdauung und es ist wesentlich besser, wenn die Fische statt Fett Kohlenhydrate erhalten. Diese Kohlenhydrate können nämlich durch den Fischkörper bei Bedarf in körpereigenes Fett umgebaut werden. Kohlenhydrate sind in stärkehaltigen Nahrungsmitteln und Zellulose, also Pflanzenanteilen, enthalten. Gerade die Ballaststoffe der Zellulose erfüllen einen sehr wichtigen Zweck bei der Darmarbeit und sie sind deshalb unverzichtbar. An die Nahrung der Diskusfische sind auch Vitamine und Mineralstoffe gebunden. Dies bedeutet, daß beim Fres-

Erfolgreiche Aufzucht

sen automatisch auch Vitamine und Mineralstoffe aufgenommen werden. Besonders tierische Futterstoffe oder Lebendfutter, welches meist als Frostfutter angeboten wird, enthalten sehr viele Mineralstoffe und Vitamine. Unterschätzen Sie also deshalb nicht die Zufütterung von gefrostetem Lebendfutter. Das Frostfutter hat sich bei Diskusliebhabern immer stärker durchgesetzt, denn die Beschaffung von Lebendfutter ist selbstverständlich kaum noch durchzuführen. Allerdings darf Lebendfutter, wie *Tubifex*-Würmer eigentlich nicht mehr verfüttert werden, denn diese *Tubifex* sind meist sehr stark belastet. Da hilft auch ein stundenlanges Spülen mit Wasser nicht viel weiter. Auch für Rote Mückenlarven trifft diese Belastung leider teilweise zu. Achten Sie beim Kauf von Roten Mückenlarven deshalb unbedingt darauf, daß Sie eine sehr gute Qualität erwerben. Diskusfische und andere Fische lieben selbstverständlich auch Rote Mückenlarven, denn diese sind ja optisch gesehen, ein ideales Fischfutter. Schwarze und Weiße Mückenlarven werden leider nicht so gerne von den Diskus gefressen, obwohl diese wesentlich nährstoff- und mineralstoffreicher sind. Versuchen Sie deshalb schon die Jungfische auch an Weiße und Schwarze Mückenlarven sowie feine gefrostete Garnelen zu gewöhnen, denn dann haben Sie es später wesentlich einfacher, diese Futtersorten an die größeren Diskusfische zu verfüttern. Überhaupt muß jedes Futter über eine gewisse Eingewöhnungszeit „an den Fisch gebracht werden". Diskusfische lassen sich nicht gerne auf ein neues Futter umstellen und es bedarf schon einiger Tage Aufmerksamkeit des Pflegers, bis die Fische sich an neues Futter gewöhnen. Deshalb muß nochmals betont werden, daß Sie schon während der Jungfischzeit Ihren Fischen alle möglichen Futtersorten anbieten müssen, um es später einfacher zu haben. Selbst Wildfänge gewöhnen sich an künstliche Futtersorten, wie Futterpellets oder Flockenfutter, doch müssen Sie sich als Pfleger einfach Zeit lassen. Mit dem richtigen und abwechslungsreichen Futter und dem regelmäßig durchgeführten Teilwasserwechsel haben Sie den Schlüssel für die erfolgreiche Diskusaufzucht in der Hand.

Wohin mit den Jungfischen?

Wenn Sie ein Gelegenheitszüchter sind, dann dürfte der Absatz von Diskusjungfischen nicht das Problem für Sie sein. Sie sollten als verantwortungsvoller Züchter nur qualitativ einwandfreie Diskusfische aufziehen und Jungfische mit Fehlern nicht großziehen. Eine kleinere Anzahl von ausgesuchten Diskusfischen zu behalten, selbst großzuziehen und zu beobachten was aus diesen schönen Fischen wird, ist sicherlich sehr reizvoll und sollte im Vordergrund Ihrer Zuchtbemühungen stehen. Wenn Sie nun zu viele Jungfische übrig haben, dann bleibt Ihnen nichts anderes übrig, als zu versuchen, diese an befreundete Aquarianer abzugeben oder vielleicht Ihrem Zoofachhändler anzubieten. Wenn Sie allerdings versuchen, Diskusfische in größerer Menge nachzuzüchten, dann entsteht schon das Problem für Sie: Wohin mit diesen Jungfischen? Große Mengen von Jungfischen - und hier sind mehrere hundert gemeint - lassen sich nicht so einfach absetzen, denn im Zoofachhandel gibt es einen gut funktionierenden Großhandel, über welchen der Zoofachhändler seine benötigten Zierfische regelmäßig beziehen kann. Dennoch ist der auf Diskusfische spezialisierte Fachhändler oder sogar der Großhändler nicht abgeneigt, gute deutsche Nachzuchten zu kaufen. Allerdings dürfen Sie nicht erwarten, daß Sie bei einer größeren Abnahmemenge hohe Verkaufspreise erhalten. Der Diskusmarkt ist eigentlich gesättigt, denn in Südostasien befinden sich leistungsfähige Diskuszuchtanlagen, die den Weltbedarf problemlos decken können. Viele Asiaten haben sich auf die Zierfischzucht spezialisiert, und nicht

Die erfolgreiche Diskuszucht hat so manchen Diskusliebhaber schon schnell in Platzbedrängnis gebracht, denn klappt es erst einmal, gibt es fast kein Zurück mehr.

Wohin mit den Jungfischen?

Ausgewachsene Diskusfische lassen sich wegen ihres höheren Preises wahrscheinlich nur schwer verkaufen, obwohl es für viele Hobbyzüchter sicherlich von Vorteil wäre, wenn sie sich gesunde, ausgewachsene Fische zulegen würden, um direkt mit der Auswahl von Zuchtpaaren beginnen zu können.

Wohin mit den Jungfischen?

nur im Bereich der Diskusfische gibt es eine gewisse Überproduktion, so daß die Preise langsam aber sicher verfallen. Wurden anfangs in der Diskuszucht Südostasiens Qualitätstandards vernachlässigt, so ist es heute so, daß die Asiatischen Diskusfische von ausgezeichneter Qualität sind. Leider kommt es jedoch durch eine übermäßige Benutzung von Antibiotika zu Resistenzen bei Krankheitserregern, so daß immer wieder mit Krankheiten gekämpft werden muß. Wenn Sie jedoch eine ausreichend lange Quarantänezeit einplanen, beugen Sie diesen Krankheiten weitgehend vor.

Im Gegensatz zu den Europäischen Gelegenheitszüchtern haben die Südostasiatischen Diskuszüchter ganz andere Möglichkeiten, neue Farbformen heranzuziehen. Durch die enormen Platzreserven ist es in Asien möglich, hunderte, ja tausende, von Diskusjungfischen aufzuziehen, um zu sehen, was sich da an Farbe und Form entwickelt. Diese Möglichkeiten haben wir leider nicht und so verwundert es nicht, daß immer wieder aus Asien neue Zuchtformen auf den Markt gebracht werden können. In Europa ist die Diskuszucht in erster Linie eine Hobbyzucht, während in Südostasien der kommerzielle Gedanke im Vordergrund steht. Die interessant gefärbten Asiatischen Diskusfische können die Europäische Diskuszucht beeinflussen und sicherlich ist es interessant, mit diesen Farbvarianten Zuchtversuche zu unternehmen, solange dies immer nur ein Hobby bleibt. Im Vordergrund sollte die Hobbyzucht und nicht die gewerbsmäßige Zucht stehen, denn nur dann macht es auch Spaß Diskusfische zu züchten. Wenn alles was in Arbeit ausartet, bekommt die Aquaristik schnell negative Begleiterscheinungen.

In Südostasien werden farblich auffällige Jungbruten meist komplett aufgezogen, um besonders auffällige Fische rechtzeitig heraussuchen zu können.

Wichtige Farbvarianten

Standen am Anfang des Diskushobbys die vier Wildfangarten, so sieht es heute doch ganz anders aus in der Diskuspflege. Unzählig viele Diskusfarbvarianten sind auf dem Markt erhältlich und ständig kommen neue Farbkreationen dazu. Es scheint kein Ende absehbar bei der Kombination neuer Farbschläge. Daß diese Farbvarianten nicht immer erbfeste Farbschläge sind, dürfte klar sein. Es handelt sich hier eben um Varianten, die aus kommerziellen Gründen einen Fantasienamen bekommen. Oft kann sich der Aquarianer unter diesen Fantasiebezeichnungen nichts oder nur sehr wenig vorstellen.

Kehren wir also zu den Farbschlägen zurück, die eigentlich heute unter den Nachzuchtdiskus einigermaßen standardmäßig gefestigt sind. Immer noch einer der meistgezüchteten und verkauftesten Diskusfische ist der Türkis-Diskus. Weltweit spielt er vielleicht die größte Rolle, denn Türkis-Diskusfische sind die klassischen Nachzuchtdiskus mit intensiven türkisblauen Farben und schöner Linierung. Der Handelsname Türkis-Diskus war wohl die erste Nachzuchtbezeichnung, die bereits in den 60er Jahren aufgetaucht ist. Der gesamte Körper der Diskusfische ist mit türkisfarbenen Streifen übersät und der Körperuntergrund besitzt mehr oder weniger

Die Türkis-Diskus waren die ersten Nachzuchtformen, die in großer Menge den Diskusmarkt bewegten. Als ihre Nachzucht gelungen war, ging es mit der Beliebtheit der Diskusfische steil aufwärts.

Wichtige Farbvarianten

Flächig Blaue Diskusfische sind ein begehrtes Zuchtziel und ihre Nachzuchten erreichen heute noch sehr hohe Preise. Bereits in den 60er Jahren gelangen die ersten Nachzuchterfolge mit fast flächigen Diskusfischen.

bräunliche Linierungen. Die Türkisstreifen dominieren jedoch und machen die schöne Körperfärbung aus. Auf der Suche nach noch intensiver gefärbten Türkis-Diskusfischen gelang es immer intensiver gefärbte Diskusfische zu finden und so wurde der Name Türkis-Diskus durch die Zusatzbezeichnung Brillant-Türkis-Diskus ergänzt. Diese Fische glänzten richtig metallisch und sind sehr schön anzusehen. Jedem Anfänger in der Diskuspflege können die Türkis-Diskus als widerstandsfähige Pfleglinge empfohlen werden.

Als es eines Tages gelang, fast flächig blaue Diskusfische zu züchten, war

Wichtige Farbvarianten

Der oben gezeigte Rottürkis-Diskus gehört heute noch zu einer beliebten Zuchtform, denn die rote Linierung macht diese Diskusvariante besonders attraktiv und interessant.

Im unteren Bild ist ein Pärchen mit einem kleineren Pigeon-Blood-Weibchen zu sehen. Diese Art der Verpaarung ist in Südostasien sehr beliebt, weil Pigeon-Blood-Weibchen sehr gut züchten.

die Aufregung in der Diskusszene groß. Durch Zuchtauslese und konsequente Linienzucht bzw. Inzucht, gelang es den Züchtern tatsächlich, die braune Grundfärbung wegzuzüchten und flächig blaue Diskusfische zu kreieren. Der Gipfel dieser Zuchtform ist heute sicherlich der Blue-

Diamond-Diskus, der erstmals in Hongkong nachgezüchtet wurde. Diese flächig blauen Diskusfische zeigen keinerlei braune Linierung mehr und faszinieren durch einen metallisch blauen Körper.
Eine der schönsten Diskusvarianten war jedoch der Rottürkis-Diskus. Harmonisch rotbraun gestreifte Diskusfische, deren rotbraune

Wichtige Farbvarianten

Streifen sich mit Türkisstreifen abwechseln, waren lange Zeit der Schlager in den Liebhaberaquarien der Diskusfreunde. Durch die Kombination von braunen und türkisfarbenen Diskusfischen gelang dieser interessant gezeichnete Diskustyp.

In Thailand gelang die Zucht eines flächig roten Diskusfischs, der als Marlboro-Diskus bekannt wurde. Allerdings bringt die Verpaarung von zwei Marlboro-Diskus farbliche Rückschläge und deshalb muß immer ein andersfarbiges Tier mit einem Marlboro-Diskus verpaart werden. Unten ist der typische Snake-Skin-Diskus zu sehen, der sowohl in einer türkisblauen als auch in einer rötlichen Farbform auf dem Markt ist.

Wichtige Farbvarianten

Prächtiger Snake-Skin-Diskus der türkis-blauen Variante. Inzwischen gibt es in Südostasien sogar Snake-Skin-Diskus, denen man statt neun Senkrechtstreifen, dreizehn solcher Streifen auf den Körper gezüchtet wurden. Allerdings wirken solche Zuchtziele nicht gerade sehr erstrebenswert für den Europäischen Diskuszüchter.

Wichtige Farbvarianten

Auch heute noch sind Rottürkis-Diskusfische in allen Variationen sehr gesucht. Im Unterschied zu den flächigen Varianten sind die Rottürkis-Diskus einfach lebhafter gezeichnet und man könnte sie als interessanter einstufen.

Mit den Pigeon-Blood-Diskus gelang den Thailändischen Züchtern ein großer Schritt in der Diskuszucht. Plötzlich tauchten erbfeste, seltsam gefärbte Diskusfische auf, die hohe Rotanteile aufwiesen. Als es in jahrelangen Bemühungen dann noch gelang, den Pigeon-Blood-Diskus die unschönen, schwarzen Farbpigmentierungen wegzuzüchten, war der Erfolg perfekt. Jetzt konnten endlich rote Diskusfische gezüchtet werden, die wirklich den Namen Rot verdienten. Am bekanntesten wurden die Zuchtvariante Marlboro-Red-Diskus, die ebenfalls aus Thailand stammt. Sicherlich wird es auch in Zukunft noch Diskusvarianten geben, die durch die Farbe Rot aufgewertet werden. Mit dem eigenwillig gezeichneten und mit starkem Rotanteil behaftetem Pigeon Blood Variantionen gelingt es den Züchtern immer wieder neue Farbvarianten nachzuziehen und mit Fantasienamen auf den Markt zu bringen. Da Pigeon-Blood-Diskus sehr widerstandsfähig sind, wurden sie sehr schnell auch in Europa beliebt. Der Pigeon-Blood-Diskus ist heute ein richtiger Anfängerdiskus geworden.

Mit dem sogenannten Snake Skin Diskus, dessen Schuppenkleid an eine Schlangenhaut erinnert, gelang ein weiterer riesiger Schritt in der Diskuszucht. Die Snake-Skin-Diskus faszinieren den Betrachter unbedingt und für solche prächtigen Diskusfische werden horrende Preise erzielt. Inzwischen gibt es die zuerst bekannten blauen, bzw. türkisen Snake-Skin-Varianten, aber auch rotgründige Varianten, die sicherlich in Zukunft noch intensiver ausgebaut werden können. Der Fantasie der Züchter und den Zufällen der Natur sind hier wohl kein Ende gesetzt und wir können uns in Zukunft noch auf weitere Überraschungen in der Diskuszucht gefaßt machen.

Vererbungslehre für Diskuszüchter

Bei den Diskussionen über die Genetik der Diskusfische unter Aquarianern stellt sich oft heraus, daß die meisten Diskuszüchter der Ansicht sind, es würde genügen, die einfachen Mendelschen Regeln zu kennen. Wenn demnach beispielsweise eine „blauer" (z. B. Cobalt) und eine „roter" (z. B. Pigeon-Blood) Diskus miteinander verpaart werden, dann sollten die Nachkommen alle gleich sein, je nach dem, welche Farbmerkmale dominant sind (im Beispiel also Cobalt-Blau). Erst in der nächsten Generation sollten sich die Jungfische im Verhältnis 3:1 (blau:rot) aufteilen.

Wer dieses Experiment wirklich durchführt, wird aber ganz andere Ergebnisse erhalten.
Tatsächlich ist es nämlich so, daß viele Merkmale nicht nach den einfachen Mendelschen Regeln, sondern nach anderen Gesetzen weitervererbt werden. Oder noch Häufiger: Es greifen unterschiedliche Mechanismen ineinander. Zum Ersten wäre da der intermediäre Erbgang zu nennen. Dieser ist bei unseren Diskus besonders häufig. Für unser Beispiel mit den „blauen" und „roten" Diskus würde dies bedeuten, daß die Nachkommen der ersten Generation nicht „blau" wären, sondern in der Färbung irgendwo zwischen beiden Merkmalen, also „violett". Außerdem „streut" dieses Merkmal, das heißt einige wenige der Jungfische sind zwar violett, aber fast Cobalt-Blau und andere entsprechen fast Pigeon-Blood, während sich die Mehrzahl der jungen Diskus in der Körperfärbung irgendwo im Mittel-

Die Nachzuchten besitzen nicht immer die gleiche Färbung wie die Elterntiere, denn die Vorfahren schlagen farblich immer wieder durch.

Vererbunglehre

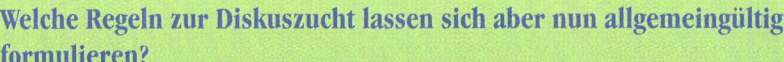

Welche Regeln zur Diskuszucht lassen sich aber nun allgemeingültig formulieren?

- Nur gesunde und einwandfreie Fische zur Zucht verwenden.

- Die Eltern der gewünschten Nachkommen müssen die Merkmale in möglichst optimaler Ausprägung zeigen. Ganz perfekt wäre es, wenn die gewünschten Merkmale bereits reinerbig vorhanden sind.

- Von den Nachkommen werden die Geschwister mit den besten Merkmalen erneut miteinander weiterverpaart. Hierdurch werden zwar die gewünschten Merkmale stabilisiert, aber gleichzeitig treten durch die Inzucht andere unerwünschte Effekte auf. Deshalb ist es wichtig, daß immer parallel mehrere Zuchtlinien betrieben werden, damit später ein „Blutaustausch" in Form des Partnertauschs erfolgen kann. Hier ist es also günstig, wenn sich mehrere Züchter zusammenschließen, um die Arbeit (und den Erfolg) zu teilen.

- Experimente wie das einleitend dargestellte Beispiel „rot" und „blau" sind zu unterlassen, da sie fast zwangsläufig zu Mißerfolgen führen.

- Stattdessen werden besonders schöne Exemplare in Auswahlzuchten gezielt weitervermehrt.

- Wenn dann durch die Inzucht (oder durch Mutation) zufällig bestimmte neue Merkmale auftreten, dann können diese durch die Auswahlzucht stabilisiert werden. Hier ist die Erfolgswahrscheinlichkeit größer, aber dennoch nur in großen Zuchtanlagen von akzeptabler Häufigkeit. Schöne neue Ergebnisse sind bei Privatzüchtern noch seltener als ein hoher Lottogewinn.

bereich dazwischen befindet. Verpaaren sich solche Fische erneut, dann spalten sie in der Folgegeneration tatsächlich nach einer Regel - im Verhältnis 1:2:1 - auf (blau:violett:rot). Solche Gesetze gelten in ähnlicher Weise beispielsweise auch für Siamesische Schleierkampffische, *Betta splendens*.

Woran liegt das? Die einfachen Mendelschen Regeln gelten nur für einzelne einfache Merkmale. Solche sind aber eigentlich sehr selten. Meist ist es hingegen so, daß die genetischen Merkmale nicht an einer einzigen Stelle auf einem Chromosom zu finden sind, sondern auf mehrere Orte verteilt sind.

Vererbungslehre

Durch Kreuzungsversuche zwischen Grünen und Braunen Diskusfischen, kam dieser riesige Diskus zustande, der jedoch nur wenig intensive Farben zeigte. Dieser Riesenwuchs bei Kreuzungen wird Heterosiseffekt genannt, er tritt meist nur in der ersten Nachzuchtgeneration auf.

Manchmal sind diese Stellen („Loki" genannt) sogar auf mehrere Chromosomen verteilt. Dies ergibt natürlich unterschiedliche Kombinationsmöglichkeiten, die sich nicht mehr mit einfachen Regeln erfassen lassen. Verkompliziert wird dies noch dadurch, daß selbst die einfachsten Merkmale nicht nur nach den Mendelschen Regeln weitervererbt werden, sondern daß es durch andere genetische Prozesse ständig Veränderungen in Form von Neukombinationen von Merkmalen gibt. Dies hier darzustellen, würde einen umfassenden Grundkurs in Sachen Genetik erfordern. Das ist aber gar nicht nötig, wichtig für den Diskuszüchter ist es lediglich zu wissen, daß es immer eine gewisse Zahl Ausnahmen gibt. Je nach Merkmal, ist der Anteil der Nachkommen, die untereinander verschieden sind, unterschiedlich groß.

Ein noch größeres Problem ist aber die Tatsache, daß ein bestimmtes Merkmal, das äußerlich am Fisch wie ein einzelnes solches Merkmal aussieht, in Wirklichkeit aus vielen kombinierten Merkmalen besteht, die meist getrennt nach unterschiedlichen Gesetzen weitervererbt werden. Das bedeutet, daß das Wiederauftreten einer solchen Merkmalkombination in der nächsten Generation nur ein Zufall wäre. Wenn in der Zucht also ein besonders schöner Fisch auftritt, dann ist die Freude darü-

Vererbunglehre

Die Farbe Rot spielt in Südostasien eine bedeutende Rolle und man versucht deshalb das Rot der Pigeon-Blood-Diskus zu intensivieren.

ber noch verfrüht, denn erst wenn das Merkmal in der zweiten Nachzuchtgeneration stabil wieder auftritt, können Sie sicher davon ausgehen, daß sich das Merkmal in einem Zuchtstamm stabilisieren läßt. Bereits wenn zwei unabhängige Merkmale, wie „blauer Körper" und „rote Augen" betrachtet werden, gibt es bei den Vererbungsmöglichkeiten in der zweiten Generation 16 verschiedenen Kombinationsvarianten. Bei der Betrachtung weiterer Merkmale wächst die Zahl der Möglichkeiten schnell ins unübersehbare. Hier sind dann selbst große Zuchtbetriebe und Labors völlig überfordert.

Was bedeutet dies alles für den Diskuszüchter und warum gibt es noch keine Hinweise zur „Diskus-Genetik", wie es beispielsweise bei den Guppy- oder Kampffischzüchtern der Fall ist? Zum Einen lassen sich die Ergebnisse, die an einer Fischart erzielt wurden, keinesfalls einfach auf andere Arten übertragen. Zum Anderen ist die Schnelligkeit der Zucht und der Generationsfolge ein Problem. Das heißt, daß die Ergebnisse aus Zuchtversuchen bei Guppys und Kampffischen naturgemäß einfacher und schneller erzielt werden können. Und nicht zuletzt werden die Ergebnisse von Diskuszüchtern, wenn sie schon so schwer

Vererbungslehre

Auch in der Natur kommt es zu Kreuzungsvarianten wie hier bei dieser Kreuzung von Heckel-Diskus und vermutlich Blauen Diskus. Gerade in den letzten Jahren kamen zahlreiche Mischformen aus Brasilien in die Aquarien der Diskusliebhaber. Dies wird auch dadurch verursacht, daß den Fängern an anderen Orten Fische entkommen, so daß es zu vermehrten Vermischungen kommen kann.

zu erreichen sind, auch viel seltener weitergegeben und von vielen sogar als „Geheimtips" für sich behalten. Folglich gibt es nur wenige (oder fast gar keine Artikel und Veröffentlichungen) über die Ergebnisse von Kreuzungsversuchen mit Diskusfischen. Aber nicht nur Geheimniskrämerei ist ein Grund für die wenigen publizierten Ergebnisse, sondern auch die hohe Zahl der Mißerfolge. Es ist nämlich keinesfalls so, daß automatisch bei der Kreuzung zweier schöner Farb- oder Körperformmerkmale, die Jungfische ebenfalls besonders schön sind. Leider ist meist genau das Gegenteil der Fall. Und wer schreibt denn schon gern davon, daß er ganz besonders „graue" Diskus gezüchtet hat? Trotzdem sollte hier niemand seine Eitelkeiten pflegen, denn auch Mißerfolge sind Ergebnisse und diese können für andere

Vererbungslehre

Zweifelsohne attraktiv sind die Neuschöpfungen in Südostasien, die durch entsprechende Zuchtauslese immer wieder die Liebhaber in aller Welt verblüffen können.

Diskuszüchter durchaus interessant oder sogar wichtig sein. Deshalb sollte sich kein Züchter scheuen, auch mal über scheinbare Mißerfolge zu berichten.

Ein Aspekt wurde noch nicht angesprochen, und der ist folgender, daß nämlich bestimmte Merkmale - im Gegensatz zu dem zuvor dargestellten - miteinander gekoppelt sein können. Das bedeutet, daß ein bestimmtes Merkmal zum Beispiel nur bei einem Geschlecht auftreten kann. Solche geschlechtsgebundenen Erbgänge wurden von Diskusfischen aber noch nicht beschrieben. Zunächst gelten hier natürlich die gleichen Gesetze, wie allgemein in der Tierzucht (und dafür ist es gar nicht notwendig, sich mit Spezialbegriffen und komplizierten Gesetzen auszukennen):

Eines ist ganz besonders wichtig: Jedes Ergebnis aus der Zucht muß notiert werden, am besten in vorgefertigten Tabellen im Computer. Da nun unsere Diskus ein Gemisch an Merkmalen tragen, wie kommen Sie nun zu einer reinen Zuchtlinie? Im Prinzip handelt es sich um einen reine Linie, wenn die Jungfische genauso wie ihre Eltern aussehen. Solche Linien erhält der Züchter nur durch strenge Inzucht, wobei die Jungfische mit ihren Eltern gepaart werden und - falls die Eltern nicht

Vererbungslehre

mehr zur Verfügung stehen - mit ihren Geschwistern, wobei alle abweichenden Formen nicht zur Weiterzucht verwendet werden dürfen. In der Genetik werden die Eltern als Ausgangsgeneration mit einem P bezeichnet (P = Parentalgeneration) und die nachfolgenden Generationen mit einem F versehen (F = Filial- = Tochtergeneration). Die erste Nachzucht erhält eine 1 als Fußnote, also F_1, jede weitere die folgende Zahl, also F_2, F_3 usw. So kann jeder Fisch problemlos zugeordnet bleibt und nur jene Diskus, die wirklich zur Zucht verwendet werden, erhalten eigene Nummern für die Zuchttabellen.

Durch die Befolgung dieser Hinweise lassen sich insgesamt erheblich bessere Ergebnisse als durch ungezielte, im Prinzip rein zufällige Kreuzungen, erreichen. Schließlich wäre es viel wünschenswerter, die vorhandenen Merkmale in den Diskus-Zuchten zu stabilisieren, als ständig in den Nachzuchten ein „Mischmasch" vorfinden zu müssen.

Bedenken Sie bitte auch, daß nicht nur die Farben und die Körperform

Ein Kreuzungsprodukt aus einer Diskuszucht in Hongkong mit perfekter Körperform und interessanter Färbung. Foto: Wong

Vererbungslehre

Daß bei entsprechender Zuchtauslese herrliche Diskusfische nachgezüchtet werden können, beweist dieses Bild, denn dieses Pärchen erscheint doch wirklich makellos. Foto: Wong

als Merkmale weitervererbt werden, sondern auch Verhaltensweisen. Es ist also nicht sinnvoll, mit besonders aggressiven oder schlecht brutpflegenden Diskus zu züchten, selbst wenn diese sehr schön sind.

Grundsätzlich muß der Züchter zwischen Phänotyp und Genotyp des Diskus oder einer Gruppe unterscheiden. Der Phänotyp bezeichnet sämtliche inneren und äußeren Körpermerkmale, die sichtbar sind. Der Genotyp umfaßt hingegen sämtliche Erbinformationen, auch jene, die nicht zu sehen sind. Der Genotyp ist also in den Chromosomen verankert. Ziel der Linienzucht ist es, eine möglichst große Übereinstimmung zwischen Phäno- und Genotyp zu erreichen. Um in der Zucht nichts dem Zufall zu überlassen, müssen sowohl der Phänotyp als auch der Genotyp berücksichtigt werden.

Mit diesen Hinweisen sollte es eigentlich möglich sein, den Grundstock für eine schöne Diskus-Linienzucht zu legen. Wer sich für speziellere Fragen interessiert, der kann dies in der weiterreichenden biologischen Fachliteratur nachlesen.

Bücher für Ihr Hobby

Mit der neuen Erfolgsreihe aus dem bede-Verlag bieten wir Ihnen zu Ihren Aquarienfischen das passende Buch.

Sie möchten in die Aquaristik einsteigen, oder Sie brauchen wertvolle Tips zur Haltung und Zucht Ihrer Fische, dann ist unsere neue Reihe genau das Richtige. Jeder der 27 Titel umfaßt 80 Seiten und ca. 80-100 faszinierende Farbaufnahmen.

Für nur DM 19,80 je Titel ein aquaristisches Muß für Hobby-Aquarianer.

Zwergcichliden
ISBN 3-931 792-29-3

Tanganjikaseecichliden
ISBN 3-931 792-44-7

Malawiseecichliden
ISBN 3-931 792-25-0

Corydoras-Panzerwelse
ISBN 3-931 792-26-9

Guppys
ISBN 3-931 792-28-5

Piranhas
ISBN 3-931 792-27-7

Skalare
ISBN 3-931 792-30-7

Diskus
ISBN 3-931 792-24-2

Guramis und Fadenfische
ISBN 3-931 792-48-X

Regenbogenfische
ISBN 3-931 792-45-5

Aquarienpflanzen
ISBN 3-931 792-66-8

Kaiser- und Falterfische
ISBN 3-931 792-47-1

Tropheus-Cichliden
ISBN 3-931 792-65-X

Harnischwelse
ISBN 3-931 792-67-6

Amanos Naturaquarien
ISBN 3-931 792-68-4

Paludarium
ISBN 3-931 792-70-6

Koikarpfen
ISBN 3-931 792-71-4

Killifische
ISBN 3-931 792-69-2

Gesunde Aquarienfische
ISBN 3-931 792-73-0

Salmler
ISBN 3-931 792-74-9

Welse
ISBN 3-931 792-75-7

Das funktionierende Meerwasseraquarium
ISBN 3-931 792-46-3

Schleierkampffische
ISBN 3-931 792-76-5

Aquaristik für Einsteiger
ISBN 3-931 792-77-3

Diskuszucht
ISBN 3-931 792-78-1

Bärblinge
ISBN 3-931 792-82-X

Wirbellose im Meerwasseraquarium
ISBN 3-931 792-72-2

Fordern Sie unverbindlich unseren Gesamtprospekt an!